ZUZENBIDE ZIBILA
UPV/EHU

Zuzenbide Zibileko
Practicum
Gidaliburua

Itziar ALKORTA IDIAKEZ
Santi GOÑI ZABALA
Mikel Mari KARRERA EGIALDE
Naiara RODRÍGUEZ ELORRIETA

Gida liburu honen bitartez profesionalizatzaileak diren konpetentziak modu eraginkorrean eskuratzeko mailaz mailako praktiken azalpen, adibide eta antolaketa bat eskeintzen diogu zuzenbideko ikasleari

Itziar ALKORTA IDIAKEZ (itziar.alkorta@ehu.eus)
Santi GOÑI ZABALA (santiago.goni@ehu.eus)
Mikel Mari KARRERA EGIALDE (mikelmari.karrera@ehu.eus)
Naiara RODRÍGUEZ ELORRIETA (naiara.rodriguez@ehu.eus)

Zuzenbide Zibila Saila – UPV/EHU
Lardizabal 2
20018 Donostia

ISBN-13: 978-1984933805
ISBN-10: 1984933809

AURKIBIDEA

LABURDURAK

AGE Auzitegi Gorenaren Epaia

EPE Entzutegi Probintzialaren Epaia

HL Hipoteka Legea

KZ Kode Zibila

PZL Prozedura Zibileko Lege

SARRERA

Zuzenbideko Graduaren lau ikasturteetan zehar ikasleak eskuratu behar dituen konpetentziak definiturik daude UPV/EHUko zuzenbideko ikasketa planean. Konpetentzia horiek eskuratzeko ikasketa teorikoa eta praktikoa, biak baliatzen ditu ikasleak. Ikasketa teorikoaren bitartez kontzeptu juridikoak bere testuinguruan ulertzen eta erabiltzen ikasten du, nagusiki; eta ikasketa praktikoen bidez kasu eta egoera zehatzetan zuzenbidearen aplikazioa nola egiten den erreparatzen du. Ikasketa kognitibo eta aplikatu horiez gain, beste konpetentzia eta trebezia tekniko eta pertsonarteko batzuk ere eskuratzen ditu ikasleak graduan zehar, hala nola, taldean lan egitea, argumentatzea, aurkezpenak egitea, teknologia berriez baliatzea, eta abar.

Gidaliburu honen zioa aipatu bitariko hurbilketa horri, kontzeptuala eta aplikatua erantzutea da. Zuzenbideko graduaren maila bakoitzean eskuratu beharreko konpetentziak kontuan izanik eta mailaz maila landuko ditugun kontzeptuak baliatuz, ikaslearen eskura jarri nahi izan dugu urrats bakoitzean landu ahal diren ariketa ereduak. Gure gida liburu honen bitartez, beraz, profesionaltzera bideraturiko konpetentziak modu eraginkorrean eskura ditzan praktiken antolaketa mailakatua eskaintzen diogu ikasleari.

Praktikak bideratzeko metodologia anitz daudela jakitun izanda, lehen saio honetarako aukeratu ditugu zuzenbidean tradizioa duten hiru eredu klasikoak: epaiaren iruzkina, kasu praktikoa eta disertazioa, hiruak ere praktika profesionalean bertan erabiliera oso zabaldua dutenak. Aspaldidanik erabiltzen dira hiru eredu horiek zuzenbideko ikasketetan eta badira zuzenbidearen alor guztietan praktika liburuak kasuen eta jurisprudentziaren erabileraren adibideak eskeintzen dituztenak. Gure eskuliburu honen berezitasuna da eredu horiek ikasturte bakoitzean eskuratu beharreko konpetentzia-mailaren arabera egituratu ditugula.

Zuzenbide zibileko graduaren ikasturte bakoitzean lantzen diren kontzeptuen markoan, maila horietako bakoitzeko konpetentzien eskurapen progresiboa jorratzeko aukera eskaini nahi izan diogu ikasleari eskuliburu honetan. Kontzeptuen ulermen teorikoa eta haien erabilera praktikoa gurutzatu ditugu, mailaz maila egin beharreko urratsak markatuz.

Kontuan izan bedi, maila bakoitzeko eredu edo lagin batzuk landu ditugula; ez ikasturte osoan zehar erabili beharreko materialeak. Izan ere, gidaliburu honen zioa baita ereduak finkatzearena, ikasleak praktika nola lantzen den ikas dezan eta ez ikasturte osorako praktika liburua izatearena.

KONPETENTZIAK LANTZERA BIDERATUTAKO PRAKTIKA-EREDUAK

Zuzenbide Graduaren ikasketa planean jasota dauden konpetentziak jasotzen ditugu jarraian.

GAITASUN BEREZITUAK
1	Testuingurua (errealitatean gertatzen diren arazo eta gatazka juridikoen egitateak, inguruabarrak eta inplikazioak) ulertzea eta baloratzeko gai izatea
2	Kontzeptu juridikoak ezagutu eta erabiltzen jakitea
3	Iturriak lokalizatu eta erabiltzeko gai izatea (araua, doktrina legala –jurisprudentzia-, doktrina zientifikoa –bibliografia-)
4	Egitateen kalifikazio juridikoa egiteko gai izatea

ZEHARKAKO GAITASUNAK
5	Testu idatziak (txostenak, demandak, diktamenak, artikuluak eta abar) produzitzeko metodoa eskuratzea
6	Argumentazio estrategiak (ahoz eta idatziz) erabiltzea
7	Aurkezpenak egiten jakitea
8	Taldean lan egiteko gai izatea

TAULA 1: *Zuzenbide Zibileko konpetentziak*[1]

---

[1] Konpetentzia horiek progresiboki eskuratu behar direnez, etapa edo ikasturte bakoitzean erdietsi beharreko ikasketa-emaitzak jasotzen saiatu gara ariketa mota bakoitzean.

PRAKTIKA MOTAK ETA BESTE LAN TRESNAK

Zuzenbide kontinentaleko ikasketetan tradizio luzea dute zuzenbideko praktikek. Horrela ezagutzen dira zuzenbide erromanikoen familiari dagozkion ordenamentuetako ikasketetan konpetentzia profesionalak eskuratzeko erabili izan diren ariketa aplikatuak.

Praktika hauek hiru motatakoak dira:

(1) **Jurisprudentziaren iruzkina.**

(2) **Kasuaren ebazpena.**

(3) **Disertazio idatzia.**

Ikus dezagun jarraian zein den praktika mota bakoitzeko mailakako eredua. Horren aurretik, baina, hiru modalitateetan baliagarri den «tresna» bat azalduko dugu:

(0) **Edukien sintesi fitxa.**

EDUKIEN SINTESI-FITXA

Edukien sintesi-fitxak oinarrizko tresna dira edozer lan juridiko abiatzeko orduan. Bereziki baliagarriak dira fitxa hauek artikulu doktrinalak idazteko, txostenak egiteko eta disertazioak egiteko, eta baita kasuaren ebazpenak zein jurisprudentziaren iruzkinak moldatzeko. Izan ere, aipatu ataza horiek eraikitzeko adreiluak bailiran ulertu behar ditugu testuen sintesi-fitxak.

Ohikoa da, zoritxarrez, disertazio bat nahiz bestelako lan bat egiterakoan, metodo bati jarraitu baino, lokalizatu ditugun dokumentu guztiak mahai gainera ekarri eta, erlearen moduan, batetik bestera saltoka aritzea, hala hola dokumentua sortzen goazen heinean. Ez da lanerako estrategia egokia. Alta, bada metodo bat iturrien erabilera eta ustiapen egokia bermatzen duena: edukien sintesi-fitxa.

Bigarrenik, kontuan izan behar da, ideiek jabeak dituztela. Hargatik, beste batena den ideia bat gure testuan erabili ahal izateko jatorria aipatu («zitatu») behar dugu, ideiaren autoreari zor zaion aitortza eginez. Ideien iturriak zitatu ahal izateko ere balio du, beraz, edukien sintesi fitxa egokiak.

DEFINIZIOA

Iturrietan edo dokumentuetan agertzen diren ideiak jaso eta artxibatzeko teknika eta euskarria bera da sintesi fitxa. Metodo edo teknika honen bitartez dokumentuan agertzen diren ideia nagusiak modu labur eta ordenatuan jasotzen dira, ondoren, erraz lokalizatu, erabili eta zitatu ahal izateko moduan.

METODOA

Lehenik, **testuaren izaera** ezarri behar da: lege-testua, doktrina, kontratua, epaia eta abar. Testu-mota bakoitzak bere zitazio arauak dauzka, eta garrantzia handikoa da arau horiek ikasi eta errespetatzea, ondoren, iturrien aitortza egokia, ideien jatorrien errekonozimendua, alegia, egin ahal izateko. Ikus, zitazio motei buruz, ondoren datorren epigrafea.

Dokumentuaren izaeraren arabera, aipatu behar dira: autorea (ezaguna bada), testuaren izenburua, argitaletxea edo web orriko lokalizazioa, eta urtea (ezaguna bada).

Ondoren, testuan agertzen diren ideia nagusiak laburbildu behar dira, ahal dela norbere hitzetan adieraziak, modu argi, labur eta logikoan. Kontuan izan behar da, agerikoa badirudi ere, ulertzen ez dena ezin dela «laburtu»; bestela esanda, testu bat ulertu gabe errepikatzeak ez du etekin handirik ematen.

Testuan agertzen diren zati batzuk garrantzia handikoak badira, autorearen hitzei edo egoera solemneari erreparatzen diotelako, literalki kopiatu daitezke eduki-fitxan, pasarteak komatxoen artean jasoz.

EREDUA

FITXATU BEHARREKO DOKUMENTUA

LÓPEZ, A.M., MONTÉS, V.L., ROCA, E. *Zuzenbide zibila. Eskubide errealak eta ondasun higiezinen erregistroari buruzko zuzenbidea*. **Bilbo: Deustuko Unibertsitatea, 2005, 40-43 orr.**

«Eskubide errealen eta kreditu-eskubideen arteko bereizketa»

Bereizketa hori gauzei buruzko zuzenbidea antolatzeko ardatzetako bat da, zuzenbidearen gai nagusi baitira «eskubide errealak», alegia, eskubide errealtzat har daitezkeen egoera juridikoak. Hala ere, laster ikusiko dugunez, bereizketak ez ditu nahi besteko profil argiak.

Gaiean sakondu aurretik, azpimarratu behar da bereizketa horren bidetik eratzen direla, dela eskuratzeko modu desberdinen sailkapena (KZ 609, 1095, eta 1930 art.), dela azkentzeko moduak eta publizitate sistema desberdinak ere (KZ 605, HL 2 art.). Horiek horrela, badira beste ezberdintasun batzuk eskubide errealen eta kreditu-eskubideen araubidearen gainean, esaterako gatazka arauei buruz (KZ 10 art.) edo auzitegien eskumenari buruzko arauen artean (PZL 52 art.).

Eskubide errealen eta kreditu-eskubideen arteko bereizketa glosagileen lanetatik dator, eta ziur asko, glosagileok eraiki zuten zuzenbide erromatarraren ideia hau abiapuntutzat hartuz: *actio in rem* eta *actio in personam* desberdinak eta bereizi beharrekoak direla, hain zuzen. Eskubide errealaren kontzeptua eta kreditu-eskubidearekin dituen desberdintasunak ez ziren atzeman zuzenbide erromatarrean, eta beraren iturrietan ere ez ziren erabili.

Glosagile horien ustez, akzioen aniztasun hori auzibidean edo eskubideen egikaritzan agertzen da, eskubideen arteko bereizketa egiten baita; izan ere, «akzio erreala» dago, akzio hori sorrarazten zuen eskubidea badelako izan, eta eskubide horri «eskubide erreal» dei diezaiokegu.

Ordutik esan bide da eskubide errealak bi ezaugarri dituela batera: batetik, beraren objektua gauza zehatza da; bestalde, ez du pertsona zehatza lotzen, alderantziz, pertsona guztiak lotzen ditu, guztiek dutelako titularraren jarduna eta egoera errespetatzeko beharra. Kreditu-eskubidearen objektua, aldiz, pertsona bat edo batzuen jokabidea edo portaera izango litzateke, eta ez kanpoko munduaren gauzaren bat edo errealitate bat; gainera, egoera subjketiboen arteko harremanak pertsona zehatz bi edo gehiagoren artean gertatu beharko lirateke.

Eskubide erreala, horrela ulerturik, bi ezaugarri hauen bidez bereiziko litzateke kreditu-eskubide edo eskubide pertsonaletik:

a) Titularrak ez du inoren bitartekaritza edo lankidetzarik behar eskubidearen objektu den gauzatik ateratzeko horrek ematen dituen etekinak eta onurak. Hori dela eta, esan daiteke harreman juridikoak eskubidearen titularraren eta eskubide horren objektu den gauzaren artean ezartzen direla.
b) Titularrarekin harremanetan jar daitezkeen hirugarrenak (esaterako, eskuratzaileak, hartzekodunak, auzotarrak eta abar) errespetatu behar dituzte titularraren egoera eta jarduna. Horrexegatik esan izan da eskubide errealek errespetatzeko eginbehar orokorra sorrarazten dutela, era teknikoago batean esateko, *menekotasun* egoerak eragiten dituztela; izatez, hirugarrenek gauzari buruz titularrak hartzen dituen erabakiak errespetatu baino ez dute egin behar.

Bereizketa klasiko hori berriro aztertu izan da ikuspegi desberdinetatik. Batetik, THONek adierazi zuen ezin daitekeela esan pertsonaren eta gauzaren arteko harreman juridikorik dagoenik, harremanak beti gauzatzen direlako pertsonen artean. Bestalde, zenbait autorek azpimarratu izan dute betidanik errealtzat hartu izan diren eskubide batzuk ez dutela gauzaren gainean zuzeneko ahalmenik ematen. Horren adibide dira, besteak beste, *hipotekak* (hipotekak ematen duen segurtasuna da, hain zuzen, hipotekarekin kargatutako gauza nahitaez besterentzeko aukera; besterentze hori gauzatuko da, betiere, araututako prozeduraren bitartez, horretan Estatuaren aparatuak esku hartzen duela), bai eta *lehentasunez eskuratzeko eskubide errealak* ere (izan ere, azken horietan eskuratzaile bat bestearen ordez jartzen da derrigor eta, esangura hertsian, eskubdieon egikaritzak Estatuaren derrigortze-aparatuaren jarduna ere dakar). Kasu horietan guztietan, besteen lankidetza edota jokabidea beharrezkoak dira eskubideaz baliatzeko; beraz, eskubide errealaren titularrak ez du *zuzeneko* ahalmenik.

Teoria klasikoa berriro aztertzeak berez ekarri zuen *betebeharrean oinarritutako ulerkera*. Horren arabera, eskubide errealen eta kreditu-eskubideen arteko bereizketaren arrazoia ez da titularrari emandako ahalmenaren izaera; bada, ahalmen horrek beti ahalbidetuko du perTsona batek edo batzuek eginbeharren bat bete dezaten eskatzea, eginbehar hori zerbait ez egiteko edo errespetatzeko portaera hutsa bada ere. Horregatik, betebeharrean oinarritutako ulerkeraren arabera, eginbeharraren hedadurak zehazten du eskubide errealen eta kreditu-eskubideen arteko bereizketa: eskubide errealen eginbeharra unibertsala denez gero, eskubide errealek *erga omnes* eraginkortasuna dute. Kreditu-eskubideak, alderantziz, bereziki lotuta dauden pertsonen jokabidearen bitartez gauzatzen dira, hau da, pertsona zehatz batzuk behartuta daude jokabide (edo prestazio) zehatz bat egitera, nahiz eta kasu batzuetan portaera hori ez-egite hutsa izan.

Betebeharrean oinarritutako teoria hori gailendu ez bada ere, beraren aldekoek (besteak beste, PLANIOL, DEMOGUE, ARAGIO RUIZ, PEROZZI) egindako gogoetaren eraginez, eskubide erreala identifikatzea eta horri esangura ematea ahalbidetu duten beste tesi batzuk garatu dira (GIORGIANNI, COMPORTI, VALLET DE GOYTISOLO).

Betebeharrean oinarritutako teoriari kritika egin dakioke, oinarrizko honoko ideiak azpimarratuz:

a) Lehenik eta behin, ulerkera horren arabera, eskubide erreala da errespetatzeko eginbehar unibertsala sorrarazten duen ahalmena. Ideia hori ondo datorkio jabetzari, baina, ez zaio ongi egokitzen, ez eskubide erreal mugatuei (horietan zuzeneko harremanak agertzen direlako, esate baterako, gozamendunaren eta jabe soilaren artekoak); ez eta, ondasunen gaineko berme eskubideei, horietan ere (fase batean behintzat) pertsona zehatzen arteko harremanak sortzen direlako (halako harremanei betebehar izaerako harremanen arauak aplikatzen zaizkie). Bi kasu horietan, errespetatzeko eginbeharrak ez du berez eskubide erreala identifikatzen; horrez gain, errespetatzeko eginbehar orokor hori agertzen da kreditu-eskubideetan ere, hirugarrenek ezin dituztelako kreditu-eskubide horiek hautsi...

b) Bigarrenez, eskubide errealaren babesak ezaugarri bereziak ditu. Batetik, eskubide horiek talka egiten dutenean, batzuk beste batzuren gainetik lehentasuna dute. Hau da, batzuk gailentzen dira, aurretik sortuak izateagatik edo Jabetza Erregistroan leheneago inskribatu zirelako; beste batzuk, berriz, baztertu egiten dira edota lehenetsiko den eskubidearen egikaritzaren menpe jartzen dira (gainerako eskubideak baztertzeko ahalmena edo lehentasunaren goragoko lerrunaren ahalmena). Besteak beste, HL 17, 24, 25 eta 32 art...

DOKUMENTUAREN SINTESI FITXA-EREDUA

Fitxa zkia.	1
Zita bibliogra-fikoa	LÓPEZ, A.M., MONTÉS, V.L., ROCA, E. *Zuzenbide zibila. Eskubide errealak eta ondasun higiezinen erregistroari buruzko zuzenbidea*. **Bilbo: Deustuko Unibertsitatea, 2005, 40-43 orr.**
Gaia	**«Eskubide errealen eta kreditu-eskubideen arteko bereizketa»**
Ideia nagusiak	Eskubide errealen eta kredituzko-eskubideen arteko bereizketaren garrantzia bataren eta bestearen araubidean: (1) Eskubideak eskuratzeko moduen sailkapenean (KZ 609, 1095, 1930) (2) Eskubideak azkentzeko edo iraungitzeko moduetan (KZ 605) (3) Eskubideei publikotasuna emateko moduetan (LH 2) (4) Arau-gatazkak konpontzeko arauetan (KZ 10) (5) Auzitegien eskumena zehatzeko arauetan (PZL 52) **Bereizketaren irizpideak eztabaidagai dira** Bereizketaren teoria klasikoa (glosatzaileetatik abiatzen dena) (1) Eskubide errealak harreman juridiko zuzena ezartzen du gauzaren eta titularraren artean, bitartekorik gabea. (2) Hirugarrenak (gauzaren eskuratzaileak, titularraren hartzekodunak, eta abar) harreman hori ezin dute aldatu, menekotasun egoera batean daude. *Teoria klasikoaren kritika (THON): gauzaren eta pertsonaren artean zuzeneko harremanik ez dago:* *(1) Harremana beti da pertsonen artekoa* *(2) Eskubide erreal batzuk hirugarrenak edo bitartekoak behar dituzte (hipoteka, lehentasunez eskuratzeko eskubideak)* Obligazioetan oinarritutako teoria (PLANIOL, DEMOGUE, ARAGIO RUIZ, PEROZZI): eskubide errealen eta kreditu-eskubideen arteko bereizketaren arrazoia ez da titularrari emandako ahalmenaren izaera, *ahalmenaren hedadura* baizik. (1) Eskubide errealean obligazioa unibertsala da, pertsona guztiak behartzen ditu (*erga omnes*) (2) Kreditu-eskubideetan obligazioa pertsona zehatz batzuetara mugatzen da *Obligazioetan oinarritutako teoriaren kritika:* *(1) Eskubide erreal guztiek ez dute zuzenean errespetatzeko obligazio unibertsala sortzen, jabetzak bai baina eskubide erreal mugatuek ez (titular errealen arteko harremanak sortzen dira jabe soilaren eta gozamendunaren artean, adibidez)* *(2) Eskubide errealen arteko talkan lehentasunak ezartzen dira (HL 17, 24, 25 eta 32)*

EPAIAREN IRUZKINA

DEFINIZIOA

Epaiaren iruzkina egitea zer da? Epai batean agertutako egitateen eta aplikatutako oinarri juridikoen inguruan hausnarketa egitea. Horretarako, epaiaren laburpena egin behar da honako hauek bereiziz eta desberdinduz: egitateak, alderdien eskakizunak (oinarri juridikoak), arazo juridikoa eta auzitegiaren erabakia (oinarri juridikoa).

Lehen mailako eta bigarren mailako informazioa bereiztea garrantzitsua da gogoeta egin ahal izateko, hau da, erabakian planteatzen den arazo juridiko nagusiarekin zerikusi zuzena dutenak eta zeharkakoak bereiztea. Adibidez, auzokideen arteko gatazka ari bagara aztertzen, eta haien bizilekua non dagoen aipatzen badu epaiak, ez da beharrezkoa iruzkinean bizilekuari erreferentzia egitea (Gran Via 4, Bilbo, esaterako). Beste adibide bat, Kode Zibileko arau bat (KZ 1101) aztertzen ari bagara, pertsona batek besteari kalte-galerak erreklamatzen dizkiolako (izan ere, bere obligazioa oker bete baita), eta kalte-galerak eskatzeko aipatzen bada langilearen kontra egin beharrean, enpresa izan behar dela demandatua, bigarren eztabaida hori bigarren mailako informazioa izango litzateke. Aztertu beharrekoa zera baita: arau hura (KZ 1101) kasura aplikagarri ote den edo ez, eta zergatik (oinarri juridikoa).

HELBURUAK URRATSEZ URRATS

Maila	Atazak	Kasu motak
Lehena	Epaia topatzea eta egitateak ulertzea	Epai labur eta errazak
Bigarrena	Epaiak jorratzen duen gatazka identifikatzea eta ebazten diren arazoak zehaztea	Gatazka bakarra edo bi planteatzen duten epai laburrak
Hirugarrena	Epaiak jorratzen duen arazoa identifikatu eta ebazpen juridikoa ulertzea, iruzkin kritikoak eginez	Epai konplexuagoak, ulerterrazak
Laugarrena	Epaiak jorratzen dituen arazoak identifikatu, ebazpena iruzkindu eta beste aukera batzuk iradokitzea	Epai konplexuagoak, jurisprudentzia kontsultatzera behartzen dutenak

METODOA

Epaiaren iruzkina egiteko ondorengo urratsak jarraitu behar dira:

(1) Epaia irakurri birritan: lehenean ulertzen ez diren terminoak argitzeko; bigarrenean elementuak eta ideiak sailkatzeko.

(2) Aurrerago aipatu denez, bigarren mailako informazioa alde batera utzi.

(3) Egitateak azaldu ordena kronologikoan.

(4) Alderdien eskakizunak/nahiak/interesak zeintzuk diren aztertu.

(5) Zein da arazo juridikoa? (galdera bidez formulatu). Zein da epaian agertzen den arazoa?

(6) Auzitegiaren epaia. Arazoaren ebazpena. Nola konpontzen da planteatutako arazoa?

(7) Epaiaren garrantzia. Ba al du garrantzirik? Kode Zibileko arau baten interpretazio berriztatzailea egiten duelako, esate baterako.

(8) Alderaketa: arazo juridiko berdinaren aurrean beste auzitegiek zer eta nola erabaki dute?

EREDUAK

LEHEN MAILA

FITXA TEKNIKOA

Lehen Instantziako Epaitegia (Las Palmas Kanaria Handikoa) Epaia 2010.04.27	
Egitateak	(1) Teresak 30 urte ditu eta % 65eko urritasun psikikoa dauka (esquizo-frenia). (2) Bizitza sozial independenterako gaitasunak baditu (jan, kaletik pa-seatu, garraio publikoa erabili, lan egiteko…). (3) Hala ere, gabezia dauka hurrengo gaitasunetan: bakarrik bizitzeko, osasun arloan, bere ondarea kudeatzen eta gestio administratiboak egi-teno. (4) Josek eta Mariak demanda aukezten dute Teresaren kontra. Epai bidez Teresaren ezgaitasuna deklaratzea nahi dute eta Octavio (bere anaia) tutore izendatzea. (5) Las Palmas de Gran Canarias-eko Lehen Instantziako Epaitegiak Jose eta Mariaren demanda tramitera onartzen du, bere jarduteko ahal-mena zati batean murrizten du eta Octavio kuradore deklaratzen du (bere arreba lagundu egingo du gabezia aurkezten duen ekintzetan).
Alderdien eskaera	(1) Jose eta Mariak: epaia bidez, Teresaren ezgaitasuna deklaratzea nahi dute, eta Octavio bere tutore izendatzea. (2) Teresa: ez zuen demanda erantzun, Ministerio Fiskalak egingo du bere defentsa.
Arazo juri-dikoa	**Pertsona baten jarduteko ahalmena aldatzeko, zein betekizun izan behar dira kontuan? KZ 200**
Auzitegiaren epaia	Pertsona bat ezgai dela deklaratzeko, kontuan izan behar da pertsona gai ote den: (a) Bizitzaren funtzioetarako; (b) Ondarezko erabakiak (ekonomikoak/juridikoak/administratiboak) hartzeko; (c) Osasunari buruzko erabakiak ulertzeko eta hartzeko; (d) Gizarte-harremanen ar-loan aritzeko. Teresak ez dauka gabeziarik bizitzaren funtzioetarako gaitasunetan, ezta gizarte arlokoetan (garbitasun, jan, kaletik ibili, telefonoa erabili, garraio publikoa erabili, erosketa txikiak egin, lan ordaindu bar gau-zatu…). Hala ere, gabezia antzematen da bakarrik bizitzeko aukeran, bizilekua aldatzea…. Teresak bere gaixotasunaren kontzientzia dauka, baina gabezia dauka hurrengoetan: botikak hartzeko, medikuaren kontroletara joateko… Azkenik, ondare izaerako gaitasunak direla eta, Teresak aitortzen du eremu honetan gabezia gehien duela: erabaki ekonomikoak hartzeko, kontu korrontea kudeatzeko… Ondorioz, Teresaren erabateko ezgaitasuna deklaratzea ez da bidezkoa, baina bai bere jarduteko ahalmena zati batean aldatzea. Horregatik, ez zaio tutore bat izendatzen, kuradore bat baino (Octavio). Zaintzaileak ez du Teresita ordezkatu behar, baizik eta lagundu eta babestu, eta bere gaitasun gabezia osatu. Zer egin dezakeen bakarrik eta zer laguntzare-kin epaiak berak esan behar du.

IRUZKINAK

Aztertutako epaian, pertsona baten jarduteko ahalmena aldatzeko zein baldintza bete behar diren aipatzen da.

Jose eta Mariaren pretentsioa Teresaren ezgaitasuna deklaratzea da, Octavio tutore izendatuz. Teresak gutxitasun psikikoa dauka, baina, hala ere, bizitza independenterako ahalmena eta gizarte izaera duten gaitasunak baditu. Gabezia bestelako gaitasun motetan dauka, adibidez, bakarrik bizitzeko, osasun arloan, etab...

Pertsona bat ezgai deklaratzeko, hurrengo arloetako gaitasunak kontuan izan behar dira: bizitzaren funtzioetarako, ondare izaerarako, osasun arlorako eta gizarte arlorako.

(1) Bizitzaren funtzioetarako Teresak ez dauka gabeziarik, ezta gizarte arlokoetan ere (garbitasuna, kaletik ibili...). Hala ere, gabezia hurrengoetan antzematen da: bakarrik bitizeko aukeran, bizilekua aldatzea...

(2) Osasun gaitasunetan, bere gaixotasunaren kontzientzia dauka, baina, zenbait aspektutan gabezia aurkezten du.

(3) Azkenik, ondare izaerako gaitasunak direla eta, eremu honetan gabezia ugari aurkezten ditu.

Ondorioz, epaitegiak ez du Teresa ezgai deklaratzen, baizik eta, bere jarduteko ahalmena zati batean aldatzen du, eta Octavio tutore izendatu beharrean, kuradore deklaratzen da (bere arreba lagundu egingu du gabezia aurkezten duen ekintzetan). Hortaz, zaintzaileak ez du Teresa ordezkatuko, bere gaitasun gabezia osatu baino.

BIGARREN MAILA

FITXA TEKNIKOA

Lehen Instantziako Epaitegia (Madril)
Epaia 2015.03.09

Egitateak	(1) Luis Francisco eta Maria Rosariok demanda jartzen dute beraiek bizi diren etxejabeen komunitatearen kontra, 2011. urtean, Ohiko Batzar Nagusian hartutako hiru hitzarmen baliogabetzeko eta 3254,09 € itzultzea eskatzeko (legezko interesak gehituz). (2) Haien parte-hartzea erkideak diren elementuetan %9 da, baina ez da horrela gastu komunen ordainketa egiteko. Kasu horretan, ordaindu behar duten kuota % 12,5 da. (3) Jabego Horizontaleko Etxebizitzaren Estatutuen 4. artikuluaren arabera, «*A los efectos de participación en los beneficios y gastos comunes, así como para la adopción de acuerdos de carácter administrativo, a cada piso se le asigna el siguiente valor...*». Hortaz, bi kuoten artean berdintasuna ezartzen du estatutuak. (4) Luis Francisco eta Maria Rosariok ez lukete oztoporik jarriko erkideak diren gastuetan %12,5ko kuota ordaintzeko, baldin eta kuota berbera izango balute komunak diren elementuen gaineko parte-hartzean.
Alderdien pretentsioak	(1) Luis Francisco eta Maria Rosariok 2011. urtean, Ohiko Batzar Nagusian hartutako hiru akordio baliogabetzea nahi dute eta 3254,09 €ren itzulketa eskatzea (gehi legezko interesak). (2) Etxejabeen komunitatea: haien aurkakotasuna adierazten dute.
Arazo juridikoa	**Etxejabeen komunitatean elementu erkideen gaineko parte-hartze kuotak eta gastu erkideen kuotak berdina izan behar du?**
Auzitegiaren epaia	Lehenengo Instantziako Epaitegiak Luis Francisco eta Maria Rosarioren demanda ez du onartzen. Komunitatearen Estatutuak erkideak diren elementuen gaineko parte-hartze eta gastuen kuota aldatzea baimentzen du 4. artikuluaren arabera: «*que estos valores proporcionales podrán ser modificados a petición de alguno o algunos de los condueños... necesitándose para ello la unanimidad de los propietarios...*». Horregatik, 2007. urteko, urtarrilaren 29an, Jabeen Ohiko Batzar bidez, erkideak diren gastuen gaineko kuotak aldatu egin ziren aho batez. Demandatzaileen salerosketa agirian, bi kuota ezberdin azaldu egiten ziren: 12,5ko kuota erkidean diren gastuen gain, eta % 9ko parte-hartzea erkideak diren elementuetan. Beraz, jabeek bazekiten bi kuota ezberdin ezartzen zirela. Hala ere, demandatzaileek ez zuten bere konpromisoa bere gain hartuko Jabetza Erregistroan inskribatu arte. Epaiak esaten duenez, nahiz eta kuotak Jabetza Erregistroan ez agertu, horrek ez du oztoporik sortzen, izan ere, demandatzaileak ez dira komunitatearekiko hirugarrenak. Gainera, 2010. urteko Ohiko Batzar Nagusian, demandatzaileak informatu egiten dituzte kuota berrien inguruan, eta, hortaz, bi kuoten arteko diferentzia ezagutzen dute. Hala ere, haiek 2011. urteko Ohiko Batzar Nagusiko hiru akordio baliogabetzea nahi dute: akordio horiek 2007. urteko batzarrean adostutako kuotak berresten dituzte bakarrik.

IRUZKINAK

Epaian etxejabeen komunitateko elementu erkideen gaineko parte-hartze-kuota eta gastu-erkideen kuotak berdinak izan behar ote duten erabakitzen da.

Luis Franciscok eta Maria Rosariok demanda aurkezten dute etxejabeen komunitatearen kontra Ohiko Batzar Nagusian hartutako hiru erabaki baliogatzeko.

Haien parte-hartzea erkideak diren elementuetan % 9koa da, baina ez da kopuru berdina aintzat hartzen gastu komunen ordainketa egiteko (% 12,50 koa).

Luis Francisco eta Maria Rosariok ez lukete oztoporik jarriko erkideak diren gastuetan %12,50ko kuota ordaintzeko, baldin eta kuota verbera bat egingo balu komunak diren elementuen gaineko parte-hartzean.

Komunitatearen Estatutuek erkideak diren elementuen gaineko parte-hartze eta gastuen kuota aldatzea baimentzen dute: «*Estos valores proporcionales podrán ser modificados a petición de alguno o algunos de los condueños... necesitándose para ello la unanimidad de los propietarios...*» (4). Horregatik, eta, horren arabera, Jabeen Ohiko Batzar bidez, erkideak diren gastuen gaineko kuotak aldatu eign ziren aho batez.

Demandatzaileen salerosketa agirian, bi kuota ezberdinak agertzen ziren: % 12,50ko kuota erkideak diren gastuen gain, eta % 9ko parte-hartzea erkideak diren elementuetan. Hortaz, jabeek bazekiten bi kuota ezberdin ezartzen zirela. Hala ere, demandatzaileek ez zuten bere konpromisoa bere gain hartuko Jabetza Erregistroan inskribatu arte. Horren harira, epaiak esaten duenez, nahiz eta kuotak Jabetza Erregistroan ez agertu, kuotak ordaindu behar dira, izan ere, demandatzaileak ez dira komunitatearekiko hirugarrenak.

Are gehiago, 2010. Urteko Ohiko Batzar Nagusian, demandatzaileak kuota berrien inguruko informazioa jaso dutela frogatu egiten da eta, beraz, bi kuotak ezberdinak direla badakite.

Ondorioz, Ohiko Batzar Nagusiko akordioak ez dira baliogabetzen eta, beraz, elementu erkideen gaineko parte-hartze kuota eta gastu erkideen kuotak ezberdinak izan daitezke.

HIRUGARREN MAILA

FITXA TEKNIKOA

Auzitegi Gorena Epaia 2010.07.30	
Egitateak	(1) Alokairu kontratu bat dago alderdi demandatzaile (Arsenio) eta demandatuaren artean (Gracia eta Edemiro).
	(2) Arseniok demanda jartzen du Sevillako Lehen Instantziako Epaitegian: Landa-errentamenduen legea ez dela betetzen esaten du eta kontratuari amaiera ematea eskatzen du; izan ere, errentarietako bat hil (Patricia) eta bere kuotaren lagapena beste bi errentariei (Gracia eta Edemiro) legeak baimendutako modu ez egokian gauzatu da. Haien arteko erantzukina mankomunatua dela defendatzen du Arseniok.
	(3) Sevillako Lehen Instantziako Epiategiak ez ditu Arsenioren pretentsioak onartzen.
	(4) Arseniok epaia helegiten du, Sevillako Auzitegi Probintzialean. Honek Lehen Instantziako Epaitegiak emandako epaia konfirmatzen du.
	(5) Arseniok Kasazio Errekurtsoa aurkezten du Auzitegi Gorenean. Arrazoiak hurrengoak dira: Kode Zibileko 1137-1138 artikuluak errespetatzen ez direlako; Landa-errentamenduen legeko 114.5 artikulua urratzen delako, beraz, kontratuari amaiera ematea eskatzen du.
	(6) Auzitegi Gorenak errekurtsoa onartu egiten du.
Alderdien pretentsioak	Arsenioren iritziz, Patricia hil zenean, bere anai-arrebak errentamendu kontratuarekin aurrera jarraitzeak (bi errentari mankomunatuek hildakoaren lekua hartuz), baimendu gabeko lagapen bat dakar. Gainera, errentarien artean aniztasuna ematen den heinean, hauek errentatzailearekin era mankomantuan obligatzen dira, ez baitago errentarien esanbidezko akordiorik, Kode Zibileko 1137. Artikuluak eskatzen duen moduan.
	Arseniok errentamendu kontratua amaitutzat ematea nahi du, beste errentarien artean Patriciaren kuotaren lagapena legearen arabera egin ez delako eta Kode Zibileko 1137-1138. artikuluak errespetatzen ez direlako.
	Demandatuek, Arsenioren argudioak ezeztatzen dituzte; izan ere, bi demandatuak, Patriciarekin batera, euren aitaren lekuan subrogatu zirenean, errentarien arteko solidaritate erlazioa zegoela jakinarazi zioten Areniori.
	Hirurak unitate subjektibo bakarra eratzen zuten. Horregatik, erlazio solidario bat zegoela ondorioztatzen dute. Horregatik:
	Gracia eta Edemiro kontratua amaitutzat ematearen aurka agertzen dira, erantzule solidario gisa jokatzen dutelako, eta ez mankomunatu gisa.
Arazo juridikoa	**Errentari bat baino gehiago badago, zein motatakoa izango da haien arteko erantzukizuna errentamendu kontratuan, solidarioa edo mankomunatua?**
Auzitegiaren epaia	Isilbidezko harreman solidariotzat hartzen du demandatzaileen arteko harremana, nahiz eta berariazko harreman solidarioko aipamenik ez egin. Hortaz, errentarien artean gauzatutako Patriciaren kuotaren la-

	gapena legearen arabera egin da, haien arteko harremana solidarioa delako, eta ez mankomunatua. Beste hitz batzuetan esanda, onartu egiten du akordio espresurik gabe harremana solidarioa izatea, eta, beraz, ulertzen da isilbidezko harreman solidarioa.
Epaiaren garrantzia	Kode Zibilaren 1137. artikuluaren interpretazio berriztatzailea gauzatzen da. Artikuluak mankomunitatearen aldeko presuntzioa ezartzen du, eta solidaritatea modu esplizitu batean gauzatu beharko da. Interpretazio berriarekin, solidaritatea dagoela ulertuko da, nahiz eta modu esplizituan ez egin. Hau da, isilbidezko solidaritatea dagoela ulertuko da, inguruabarretatik hori ondorizta daitekeenean.
Beste epaiekin alderatzea	Beste epai batzuk honen inguruan zer dioten azter daiteke (konparaketa)

IRUZKINAK

Epaian, hainbat errentarien arteko harremana errentamendu kontratuan solidario aedo mankomunatua den aztertzen da.

Errentamendu kontratu bat dago Arsenio eta, Gracia eta Edemiroren artean. Arseniok errentamendu kontratuari amaiera ematea eskatzen du, izan ere, errentarietako bat hil eta bere kuotaren lagapena beste bi errentariei legeak baimendutako modu ez egokian gauzatu da, haien arteko harremana mankomunatua dela esaten baitu Arseniok.

Kode Zibileko 1137. artikuluak eskatzen duenez, errentarien harremana solidarioa izateko, haien arteko esanbidezko akordioa egon behar du. Errentariek euren aitaren lekuan subrogatu zirenean, solidaritate erlazioa zegoela jakinarazi zioten Arseniori. Hain zuzen, errentariek unitate subjektibo bakarra eratzen zuten. Horrregatik, erlazio solidario bat zegoela ondorioztatzen dute.

Auzitegiak isilbidezko harreman solidariotzat hartzen du demandatzaileen arteko harremana, nahiz eta berariazko harreman solidarioko aipamenik ez egin. Ondorioz, errentarien artean gauzatutako Patriciaren kuotaren lagapena legearen arabera egin da, haien arteko harremana solidarios baita, eta ez mankomunatua. Beste hitz batzuetan, onartu egiten da akordio espresurik gabe harremana solidarioa izatea.

Epaiak badu bere garrantzia, izan ere, Kode Zibilaren 1137. artikuluaren interpretazio berriztatzailea gauzatzen du. Artikuluak mankomunitatearen aldeko presuntzioa ezartzen du, eta solidaritatea modu esplizitu batean gauzatu behar dela adierazten du. Interpretazio berri honekin, solidaritatea dagoela ulertuko da, nahiz eta berariazko moduan ez egin. Hau da, isilbidezko solidaritatea dagoela ulertuko da, inguruabarretatik hori ondoriozta daitekeenean.

LAUGARREN MAILA

FITXA TEKNIKOA

Auzitegi Gorena Epaia 2015.05.18	
Egitateak	(1) Germanek Apoloniaren kontra dibortzio demanda aurkezten du. (2) Germanen demandan agertzen den puntuetako bat hurrengoa da: etxebizitzaren esleipenari dagokionez, adingabeko semearentzat eta Apoloniarentzat izatea irabazpidezko ondasunen likidazioararte. Edonola ere, etxebizitzaren gozamena ez da luzatuko dibortzio epaia eman eta hiru urte baino gehiago. (3) Apoloniak demanda erantzuten du eta bertan, etxebizitzaren esleipenari dagokionez, gozamena denbora mugarik gabe gauzatuko dela adierazten du. (4) Sevillako Lehen Instantziako Epaitegiak Apoloniaren pretentsioa onartu egiten du. (5) Germanek epaia helegiten du, Valladolideko Auzitegi Probintzialean. Honek Lehen Instantziako Epaitegiaren erabakia zati batean baliogabetzen du: etxebizitzaren gozamena dibortzio epaia eman eta hiru urte baino gehiagokoa ezin dela izan deklaratzen du. (6) Ministeritza Fiskalak Kasazio Errekurtsoa aurkezten du Auzitegi Gorenean. Arrazoia hurrengoa da: Kode Zibileko 96. artikulua urratu egiten da. (7) Auzitegi Gorenak errekurtsoa onartu egiten du.
Alderdien pretentsioak	(1) Germanek: dibortzio demanda onartzea nahi du, demandan agertzen diren eskaerak onartuz. Eskaeretako bat hurrengoa da: etxebizitza familiarraren gozamena adingabeko semearentzat eta Apoloniarentzat izatea, baina, dibortzio epaia eman eta hiru urte baino gehiago ez luzatzea. (2) Apoloniak: senar-emazteen dibortzio akordioaren epaia ematea eta bere pretentsioak ontzat ematea, haien artean: etxebizitza familiarraren gozamena bere semeari eta berari denbora mugarik gabe esleitzea.
Arazo juridikoa	**Etxebizitzaren gozamena, dibortzio batean, epe mugarekin esleitu daiteke?**
Auzitegiaren epaia	Ministeritza Fiskalaren errekurtsoa onartu egiten du. Izan ere, etxebizitzaren gozamenaren eskubidea ezin zaie mugatu seme-alabei. 96. artikuluak ez du onartzen etxebizitzaren gozamenaren esleipenari (umeen alde) mugarik ezartzea. Babestu egiten den interesa ez da ondasunen jabetza, baizik eta adingabeak dauzkan eskubideak ezkontideen krisi egoeran. Kasu honetan, etxebizitzak famili izaera dauka, bestelako etxebizitzarik ez dagoelako semearen interesak asetzeko, salbu eta etxebizitzaren ustezko salmenta gauzatu eta berri baten erosketa ahalbidetzen duena gertatzen bada. Auzitegi Gorenak jurisprudentzia doktrinala errepikatzen du: familiko etxebizitzaren esleipena adingabeko seme-alabentzat gaztearen interesaren printzipioaren adierazpena da, epaileak mugatu ezin duena, salbu eta 96. artikuluak xedatzen duena.

Epaiaren garrantzia	Ezin da Kode Zibilaren 96. artikuluaren interpretazio berriztatzailerik egin, bestela seme-alaba adingabeen eskubideak urratuko lirateke. Beste hitz batzuetan esanda, familiko etxebizitzaren gozamenaren esleipena denbora mugarekin ezin da onartu, adingabeen eskubideak hautsiko liratekeelako. Horregatik, Auzitegi Gorenak bere doktrina errepikatu egiten du: famili etxebizitzaren esleipena adingabeko seme-alabentzat gaztearen interesaren printzipioaren adierazpena da, epaileak mugatu ezin duena, salbu eta 96. artikuluak xedatzen duena.
Beste epaia batzuekin konparaketa	

Iruzkinak

Epaian honakoa aztertzen da: etxebizitzaren gozamena epe mugarekin esleitu daitekeen edo ez dibortzio batean.

Germanek Apoloniaren aurka dibortzio demanda aurkezten du. Demandako puntuetako bat hurrengoa da: etxebizitzaren esleipenari dagokionez, adingabeko semearentzat eta Apoloniarentzat izatea irabazpidezko ondasunen likidazioa gertatu arte. Edonola ere, etxebizitzaren gozamena dibortzio epaia eman eta hiru urte gehiago luzatuko ez dela adierazten da.

Apoloniak demanda erantzuten du: etxebizitzaren esleipenari dagokionez, gozamena denbora mugarik gabe gauzatuko da.

Ministeritza Fiskalak errekurtsoa aurkezten du. Izan ere, etxebizitzaren gozamenaren eskubidea ezin zaie seme-alabei mugatu. 96. Artikuluak ez du mugarik onartzen. Babestu egiten den interesa ez da ondasunen jabetza, baizik eta adingabearena.

Kasu honetan, etxebizitzak familia izaera dauka, bestelako etxebizitzarik ez baitago semearen interesak estaltzeko, salbu eta etxebizitzaren ustezko salmenta gauzatu eta berri baten erosketa ahalbidetzen duena gertatzen bada.

Auzitegi Gorenak jurisprudentzia doktrinala errepikatzen du: familiaren etxebizitza adingabeko seme-alabei esleitzea, gaztearen aldeko interesaren printzipioaren adierazpena da eta epaileak hori ezin du mugatu (Kodeko 96. artikuluak xedatzen duena errespetatuz muga badezake ere).

Epaiak garrantzia dauka, izan ere, bertan adierazten denez, ezin da Kode Zibilaren 96. artikuluaren interpretazio berriztatzailerik egin, bestela seme-alaben eskubideak urratuko lirateke. Beste hitz batzuetan esanda, etxebizitza familiarraren gozamenaren esleipena denbora muga batez ezin da onartu, adingabeen eskubideak hautsiko liratekeelako. Horregatik, Auztegi Gorenak jurisprudentzia doktrinala errepikatu egiten du: etxebizitza familiarraren esleipena seme-alaba adingabeen alde gauzatzea, gaztearen interesaren printzipioaren adierazpena da, epaileak mugatu ezin duena, salbu eta 96. artikuluak xedatzen duena errespetatuz egiten bada.

KASUA

DEFINIZIOA

Ezein pertsonari gerta dakizkiokeen egitateek edo har ditzakeen erabakiek sortutako eragin juridikoak zehaztu beharra dago, hau da, errealitatean egunero agertzen diren kasu praktikoen eraentza juridikoa topatu eta aztertu behar du eragile juridikoak.

HELBURUAK URRATSEZ URRATS

Ikasturte bakoitzean zein da lortu beharreko helburua eta nolako epaia aukeratu behar da horretarako?

Maila	Atazak	Kasu-motak
Lehena	Araua topatzea eta ulertzea	Kasu laburrak
Bigarrena	Arauak sortzen dituen zalantzak topatzea eta interpretatzea	Kasuan sortzen diren zalantza juridikoak
Hirugarrena	Erlazio juridikoak zehaztu eta araudia topatzea eta interpretatzea	Kasuan hainbat erlazio eta zalantza juridiko agertzea
Laugarrena	Erakunde desberdinen talka	Erakunde arteko lehentasunak eztabaidatzea

EREDUAK

LEHEN MAILA

KASUA

Aitona hil da etxean eta erregistro zibilera joan behar naiz.

ERANTZUNA

Gertaerak (arazo juridikoak) jarraitu behar duen (konpon)bidea zehazteko, denbora hartu behar da ardatz eta kronologia eraiki: zerbait gertatu da > norbaitek zerbait egin behar du > nora joan behar du > zer egin behar da > zein eragin juridiko sortzen dira.

(1) Kalifikazioa (izaera juridikoa): pertsona fisikoa azkentzea

Pertsona jaiotzen eta hiltzen denean (egitate juridikoak), Erregistro Zibilean jasotzen da gertaera horien berri.

Araua (lege-araua): *Ley 20/2011, de 21 de julio, del Registro Civil.*

- *Artículo 4. Hechos y actos inscribibles. Tienen acceso al Registro Civil los hechos y actos que se refieren a la identidad, estado civil y demás circunstancias de la **persona**. Son, por tanto, inscribibles: 1.º El **nacimiento**...* (tartean pertsonak jasan eta bizi dituen beste egoera juridikoak)... *15.º La **defunción**.*

- *Artículo 62. La inscripción en el Registro Civil de la defunción es obligatoria. La inscripción hace fe de la muerte de una persona y de la fecha, hora y lugar en que se produce. En la inscripción debe figurar asimismo la identidad del fallecido.*

- *Artículo 9. En el Registro Civil constarán los hechos y actos inscribibles que afectan a los españoles y los referidos a extranjeros, acaecidos en territorio español.*

(2) Nork

Hainbatek dute prozesua bultzatu beharra:

- *Artículo 63. Están obligados a promover la inscripción de fallecimiento: 1.º La dirección de hospitales, clínicas y establecimientos sanitarios donde se produzca el fallecimiento. 2.º El personal médico que certifica el fallecimiento, cuando éste haya tenido lugar fuera del establecimiento sanitario. 3.º Los parientes del difunto o persona a quien éstos autoricen. 4.º El director del establecimiento, cualquier habitante de la casa donde se hubiera producido el fallecimiento o, en su caso, la autoridad que corresponda. 5.º Cualquier persona que tenga conocimiento de un fallecimiento lo comunicará a la autoridad competente, que vendrá obligada a promover la inscripción de la defunción.*

Gure kasuan:

- *Artículo 65. Respecto de los fallecimientos que se hayan producido fuera de establecimiento sanitario, los obligados a promover la inscripción informarán de la defunción a la mayor brevedad posible a la autoridad pública, que la comunicará inmediatamente a la Oficina del Registro Civil.*

(3) Nori

Erregistro Zibilaren antolaketa:

- Artículo 2. El Registro Civil es un registro público dependiente del Ministerio de Justicia. Todos los asuntos referentes al Registro Civil están encomendados a la Dirección General de los Registros y del Notariado. Los Encargados del Registro Civil deben cumplir las órdenes, instrucciones, resoluciones y circulares del Ministerio de Justicia y de la Dirección General de los Registros y del Notariado.

- Artículo 3. El Registro Civil es único para toda España. El Registro Civil es electrónico. Los datos serán objeto de tratamiento automatizado y se integrarán en una base de datos única cuya estructura, organización y funcionamiento es competencia del Ministerio de Justicia conforme a la presente Ley y a sus normas de desarrollo.

- Artículo 22. En cada Comunidad Autónoma o ciudad con Estatuto de Autonomía se ubicará al menos una Oficina General del Registro Civil. Al frente de cada Oficina General del Registro Civil estará un Encargado del Registro Civil.

- Disposición adicional primera. Ubicación y dotación de las Oficinas Generales del Registro Civil. El Ministerio de Justicia y las Comunidades Autónomas con competencias ejecutivas en la materia fijarán, en sus respectivos ámbitos territoriales, el emplazamiento de las Oficinas Generales del Registro Civil y determinarán, mediante las Relaciones de Puestos de Trabajo, las dotaciones de personal necesario.

- Disposición adicional quinta. Presentación de solicitud y documentación ante los Juzgados de Paz. Los ciudadanos podrán presentar la solicitud y la documentación necesaria para las actuaciones ante el Registro Civil en los Juzgados de Paz.

(4) Nola

Inskripzioa egiten da:

- Artículo 62. La inscripción de la defunción se practicará en virtud de declaración documentada en el formulario oficial, acompañado del certificado médico de la defunción. En defecto de certificado, cuando éste sea incompleto o si, a juicio del Encargado, debe complementarse la documentación acreditativa del fallecimiento, se requerirá dictamen médico del facultativo. El funcionario competente, una vez recibida y examinada la documentación, practicará inmediatamente la inscripción y expedirá el certificado de la defunción.

Pertsona hil dela ziurtatu behar da (ziurtagiria):

- Artículo 66. En ningún caso podrá efectuarse la inscripción de defunción sin que se haya presentado ante el Registro Civil el certificado médico de defunción.

Eskaera non egin:

- Artículo 10. La solicitud de inscripción y la práctica de la misma se podrán efectuar en cualquiera de las Oficinas Generales del Registro Civil con independencia del lugar en el que se produzcan los hechos o actos inscribibles.

Erregistroa digitalizatua dagoen edo ez:

- Disposición adicional sexta. Uniformidad de los sistemas y aplicaciones informáticas en las Oficinas del Registro Civil. Todas las Oficinas del Registro Civil utilizarán los mismos sistemas y aplicaciones informáticas. El Ministerio de Justicia proveerá, tanto en su desarrollo como en su explotación, el conjunto de aplicaciones que soportan la actividad de los procesos operativos que se tramitan en el Registro Civil. El Ministerio de Justicia y las Comunidades Autónomas con competencias ejecutivas en la materia establecerán los mecanismos de coordinación necesarios para proporcionar los servi-

cios de acceso a los sistemas del Registro Civil, soporte microinformático, formación y atención a usuarios.

- Disposición transitoria cuarta. Extensión y práctica de asientos. Los Encargados de las Oficinas del Registro Civil practicarán en los libros y secciones correspondientes los asientos relativos a nacimientos, matrimonios, defunciones, tutelas y representaciones legales, siempre que los libros referidos no estén digitalizados.

(5) Egoera berria

Pertsonaren heriotzak sortzen dituen eraginak:

(a) Pertsonaren nortasuna: «*La personalidad civil se extingue por la muerte de las personas*» (KZ 32).

(b) Pertsonaren ondarea: oinordetza-zuzenbidea.

(c) Pertsonaren gorpua: zerraldoaren egoera juridikoa (zer da, zer egin gorpuarekin).

Inskripzioak sortzen dituen eraginak:

(a) *Artículo 80. 1. La publicidad de los datos que constan en el Registro Civil se realizará de las siguientes formas: 1.ª Mediante el acceso de las Administraciones y funcionarios públicos, en el ejercicio de sus funciones y bajo su responsabilidad, a los datos que consten en el Registro Civil (...) 2.ª Mediante certificación.*

(b) *Artículo 81. Expedición de certificaciones. Son competentes para expedir certificaciones de los datos que consten en los asientos del Registro Civil los Encargados de las Oficinas del Registro Civil. Las certificaciones se expedirán por medios electrónicos. Excepcionalmente, también se podrán expedir por medios no electrónicos. A petición del interesado, las certificaciones podrán ser bilingües.*

BESTE KASU BATZUK

(1) Nire izebak ume bat erditu du eta ez dakite zein izan jarri.

(2) Gaur bete dira hamar urte ni eta nire gurasoak Euskadira etorri ginela.

(3) Herriko plazara odola jasotzeko autobusa etorri da eta odola eman dut.

(4) Nire lehengusuak istripua izan eta klinikan dago, koman.

(5) Auzoko batek Down sindromea dauka, gurasoekin bizi da eta hemezortzi urte betetzera doa.

(6) Baratzean lurra lantzen ari naizela, turistak pasa dira aldamenetik eta argazkia atera didate.

BIGARREN MAILA

KASUA

Finka bat dagukagu honela egituratua:

Finka erregistratuak	39.917 lurra 140 m^2 + obra berria (eraikina/jabetza horizontala)
	45.953 eraikineko etxebizitza (behe-ezkerra 45m^2)
	45.961 lurra (orubea) 64m^2
Obra berria	*Orubearen* (45.961) eta *etxebizitzaren* (45.953) *gainean*
	Etxea Behea (52 m^2) + Lehena (92 m^2) + Patioa (14 m^2)
Finka katastrala	*Batera* Finka 45.953 + Goiko aldeko obra berria

	Zati honi buruzko KLAUSULA	Finka x
		Finka y
	Finka 45.953	**Finka z**
Finka 45.961	**Finka 39.917**	
Obra berria	**Eraikina jabetza horizontalean**	

Egitate hauek gertatu dira hurrenez hurren:

(1) Obra berriaren eskritura (eraikina) Finka 39.917 EHU S.A.

(2) Salerosketa eskritura Finka 39.917 EHU S.A.k Amaiari.

(3) Jabetza horizontala eratzeko eskritura Eraikina - Amaia

Eskubide hau jasotzen du (jabetza horizontaleko parte den 45.953 finkaren inskripzioan): «*Su propietario podrá elevar construyendo sobre esta accesoria hasta la altura que tenga por conveniente, incluso aprovechando la pared izquierda del edificio principal como medianera*».

Dohaintza eta oinordetza zatitzea Amaia eta umeak.

Beñati esleitzen zaio (ezkongabea da): dohaintzaz finka 45.953 eta oinordetzaz finka 45.961.

(4) Obra berria eraikitzea Etxea bi finken gainean.

Geroago emandako obra berriaren eskriturak hau dio: «*Construyó, en base a la titularidad del derecho de edificación una casa sobre otra, pero con el carácter de propiedad separada que prevé el artículo 16.2 del Reglamento Hipotecario, y sobre otra finca propia, una casa... para que fuese un predio distinto a aquel sobre la casa que se construía en parte, y sin formar parte de la propiedad horizontal de la que forma parte la finca 45.953, y sin ser necesaria el consentimiento de dicha comunidad de propietarios, por ser único titular del derecho de sobreedificación el mencionado Sr. B. por el Título que consta en el Registro en la fecha que con carácter fehaciente nos indica el Catastro».*

(5) Salerosketa eskritura Finka 45.953 Beñatek Enareri.

(6) Obra berriaren eskritura Beñat - Enare ados.

(7) Jabetza Erregistroan aurkeztu.

(1) Lurraren titular jabetza horizontaleko titularrak dira, baina beren lur eta eraikinaren gain obra beste norbaitek egin du, eta zalantzak sortzen dira:

(a) Jabetza horizontaleko finkari dagokion zatia bada, finka berri hori banandu (segregatu) eta kuota berriak esleitu behar dira jabetza horizontalari buruzko eraentzaren arabera?

(b) Ondorioz, finka konposatua eratzen da?, hau da, zati bat jabetza horizontalaren menpe eta beste zatia jabetza arruntaren menpe?

(c) Objektu desberdina izan eta jabetza horizontaletik kanpo baldin badago, jabetza-eskubide berri bat sortuko da?

(2) Erregistroan inskribatutako klausulan jasotako eskubidea izaeraz zer da? Eskubide erreala ez bada, eskubide pertsonala izango da.

ERANTZUNA

Banakako jabetza-eskubidearen (*propiedad individual*) egitura juridikoaren arabera, zentzu bertikala jabeari dagokio (printzipio orokorra: *cfr.* KZ 350). Beraz, lurraren jabetza-eskubidea duenak (kasuan auzo-erkidegoak), gorantzko espazioaren jabe ere bada, espazio horrek interesik baldin badu. Orain, zentzu bertikalean mugarik jartzerik baden zehaztu behar da (beste jabetza-eskubide bati tokia utziz) eta, ezarri, nola ezar daitekeen.

Gure kasuan, gainera, obra berriaren jabeak erabili ditu, alde batetik, bere lurraren gaineko ahalmenak, eta besterena izan eta jabetza horizontalean dagoen eraikinaren gaineko ahalmena (gain-eraikitzeko eskubidea); bere lur-zatiaren gaineko obrak zalantzarik agertzen ez badu ere, bai ordea jabetza horizontalean dagoen finkaren gainean eraikitako zatiak, zati horri buruz zehaztu beahr baita, batetik, jabetza horizontal horretatik kanpo geratzen den eta, bestetik, erkidegoko gainerako jabeen baimenik behar den.

Aukeren ikuspegitik, hiru azalpen (teoria) eman daitezke:

(1) Eskubide **erreal tipikoa**: *Derecho de levantar nuevas construcciones sobre el vuelo ajeno* (Hipoteka Erregelamenduko 16.2 art.). Eskubidearen titularrak ahalmena du eraikitzeko eta eraikitakoa berea egiteko, baina jabetza horizontaleko zati pribatibo gisa; horretarako, arauak eskatzen dituen betekizun guztiak bete behar dira.

(2) Eskubide **erreal atipikoa**: beti ere eskubide errealaren egitura eta mugak errespetatzen badira. Jabetza-eskubidea ez da; beraz, akaso eskubide erreal mugatua izan daiteke. Horretarako eskubide erreal mugatuaren ezaugarriak bete behar ditu: objektua, nor da objektuaren jabea, ahalmen mugatuak, efikazia *erga omnes* eta iraupena.

(3) Eskubide **pertsonala**: eskubide erreala ez bada, orduan eskubide pertsonal behar du izan, hau da, titularrak (hartzekodunak) kreditu-eskubidea du prestazioa (portaera) bete behar duen norbaiten (zordunaren) aurka.

Kasuan benetako eskubide errealik ez dago, izan ere eskubide erreal mugatuaren egitura ez baita osatzen.

(1) Jabetza horizontaleko inskripzioan jasotzen den gaineraikitzeko ahalmena (eskubidea) ez dago Hipoteka Erregelamenduko 16.2 artikuluan aurreikusten den moduan jasota.

El derecho de elevar una o más plantas sobre un edificio o el de realizar construcciones bajo su suelo, haciendo suyas las edificaciones resultantes, que, sin constituir derecho de superficie, se reserve el propietario en caso de enajenación de todo o parte de la finca o transmita a un tercero, será inscribible conforme a las normas del apartado 3°. del artículo 8 de la Ley y sus concordantes. En la inscripción se hará constar: a) Las cuotas que hayan de corresponder a las nuevas plantas en los elementos y gastos comunes o las normas para su establecimiento. b) (Anulada) c) (Anulada) d) Las normas de régimen de comunidad, si se señalaren, para el caso de hacer la construcción.

Lehen beste bi ezaugarri hauek ere eskatzen ziren: *determinación concreta del número máximo de plantas a construir; el plazo máximo para el ejercicio del derecho de vuelo, que no podrá exceder de diez años*. Baina Auzitegi Gorenak erabaki zuen erregelamenduko bi lerroalde horiek legea urratzen zutela (AGEE 2000.02.24 eta 2001.01 31).

Eskubidea Jabetza Erregistroan jaso eta hirugarrenen aurrean eragina izateko eskatzen diren betekizun horiek badute helburu bat: hirigintzako plangintzaren arabera zehaztuta dagoen aprobetxamendua, hain zuzen ere eraikinaren gainean eraikitzekoa, eraikin horren jabe den erkidegoari ez eta beste norbaiti ematea, erkidegotza kontuan hartuz.

(2) Kasuan, eraikita dagoen finkaren jabeei, gainean eraikitzeko ahalmena kentzen zaie, ez bakarrik jadanik existitzen dena, baizik eta etorkizunean hirigintzako plangintzaren arabera sor daitekeena: oraindik aprobetxamendua ez da existitzen eta eskubide errealik ezin da eratu objekturik gabe. Berez, erabilera berriak eskuratzeko ahalmena kentzen zaie jabeei, eta jabetzaren ezaugarrietako bat da, hain zuzen, erabilera guztiak (oraingoak eta etorkizunekoak) bereganatzekoa.

Eskubidearen edukia honetan datza: titularrak ahalmen bat eskuratzen du, bestela jabetza-eskubidearen edukian txertatuko litzatekeena. Horren antzekoak lirateke, esate baterako, finka batean topa daitezkeen altxor ezkutu guztiak edo naturaz gertatzen diren akzesio guztiak eskuratzeko ahalmena betirako norbaiti ematea.

(3) Eskubide erreal atipikoak era daitezke borondatez (*numerus apertus* sistema), baina horrelako ahalmen batekin era al daiteke eskubide errealik?

Erabaki behar da ea jabetzaren estatutu juridikoaren egiturak dituen mugak eta betekizunak errespetatzen diren edo ez. Jabetza-eskubide berririk ezin dela eratu onartu ostean, jadanik baden eta besterena den jabetzaren gaineko eskubide erreal mugatua eratzeko aukera bakarrik geratzen da. Eskubide erreal mugatuek badute derrigorrezko egitura:

(a) Objektuak eta subjektuak zehaztuta egon behar dute.

(b) Edukiz mugatuak dira: gauza baliatzeko (jabetza-eskubidearen edukian baden) ahalmen jakina eman behar dute, beste inoren parte hartzerik gabe (botere zuzena).

(c) Denboraz mugatuak dira: izaeraz betirako edo, iraunpen zehaztu gabean, kenarazteko aukerarik gabe diren eskubide erreal mugaturik ezin da eratu (cfr. KZ 513, 529, 546, 1608, 1655).

(4) Antzeko egoera da honakoa (ENZOE 1996.05.16, BOE 1996.06.12): *El derecho que se adquiere por quien compra un piso o local en un edificio a construir tiene, pues, el carácter de un verdadero y actual derecho real, y nada obsta a su adquisición, y desde el mismo momento de su celebración, en virtud de uno de los contratos traslativos del dominio si este se otorga en escritura pública (cfr., arts. 609 y 1.462 CC).* Horretarako hau izan behar da kontuan: *nada obsta a su inscripción inmediata en el folio abierto a la finca aunque todavía figure registralmente como solar; antes al contrario, avalan tal inscripción: el carácter real del derecho cuestionado (arts. 1, 2 y 9-3.º Ley Hipotecaria); la posibilidad de consignar en el folio abierto al solar los pisos meramente proyectados (art. 8-4, párrafo 2.º, «in fine», Ley Hipotecaria); la admisión de la inscripción, aun antes de iniciarse la construcción, de los **concretos acuerdos jurídico-reales entre los copropietarios del solar sobre el régimen de aquélla y del edificio resultante** (cfr., arts. 392-II Código Civil, 2 Ley Hipotecaria, 21-1.º Ley Propiedad Horizontal, 8-4.º Ley Hipotecaria y 16-2.º Reglamento Hipotecario y Resoluciones de la Dirección General de los Registros y del Notariado de 5 de diciembre de 1982 y 18 de abril de 1988). Además, y de conformidad con lo anteriormente apuntado, una vez iniciada la construcción e inscrito el régimen de propiedad horizontal sobre el todo, esa inscripción del piso o local a construir en el folio abierto al solar, determinará que la primera inscripción del elemento privativo cuya descripción coincida íntegramente con el piso o local ha de practicarse directamente a favor del adquirente respectivo.*

(5) Azken kasu horretan eta gurean, denboraz mugatutako eskubide erreala eratzen da, eraikitzeko ahalmean ematen baita denbora jakin batean. Beste kontu bat da, gero, behin eskubidea baliatu ostean sortzen den eraikuntzaren gaineko jabetza-eskubidea titularrarena izatea ere betirako, baina jabetza horizontalean txertatzeko akordioarekin batera eraiki bada, haren eraentza juridikora makurtu behar baitu jabetza berriak. Hau da, etorkizuneko elementu pribatibo gisa aurreikusiten den kasuez ari da; edo, bere kasuan, jabetza horizontaletik kanpo geratuko den elementua eskuratzeko tituluaz, erkidegoko jabe guztiek eman beharrekoa.

Horren adierazle zen 2013ko erreforma arte indarrean izan zen Jabetza Horizontalario buruzko Legeko 12. artikulua: *La construcción de nuevas plantas y cualquier otra alteración de la estructura o fábrica del edificio o de las cosas comunes afectan al título constitutivo y deben someterse al régimen establecido para las modificaciones del mismo. El acuerdo que se adopte fijará la naturaleza de la modificación, las alteraciones que origine en la descripción de la finca y de los pisos o locales, la variación de cuotas y el titular o titulares de los nuevos locales o pisos.*

(6) Jatorriz jabetza horizontaleko finka bada, ondoren eraentza horretatik kanpo utz daiteke beti ere Jabe Batzarrak erabakiz gero. Hortik aurrera, ez dago arazorik jabetza horizontaletik kanpo utzi eta aldameneko finkari lotutako eraikina izateko. Kasu horretan,

artekorma bertikalak dauden bezala, artekorma horizontala era daiteke, jabetza desberdinak bereizteko eta artekormaren eraentza aplikatzeko.

Onartutako egitura juridikoa da: *La existencia de tal medianería (horizontal) ha sido declarada en las sentencias dictadas en las dos instancias, con la consecuencia de que el propietario del suelo y del inmueble sobre el mismo construído no podrá desconocerla ni desprotegerla, para su adecuado uso por el propietario del subsuelo (...). La configuración del terreno hace posible muchas veces el acceso directo desde la calle a las plantas distintas de un mismo edificio, no se halla sujeto al régimen de propiedad horizontal, por tratarse de edificaciones totalmente diferentes, cuyo único elemento común es el constituir el suelo de una construcción el vuelo de la otra, dando lugar a la figura que el Tribunal Supremo conoce con el nombre de medianería horizontal, y a la que no se puede pretender someter obligatoriamente al complejo régimen de la propiedad horizontal, cuando sólo pueden invocarse las relaciones propias de buena vecindad* (AGE 2005.04.14).

HIRUGARREN MAILA

KASUA

Amaiak liburua saldu nahi du, eta iragarki-taulan anuntzioa jarri du: zuzenbide zibileko eskuliburua, 20 €, telefonoa. Beñatek telefonoz deitu du, esan dio baietz, eta kafetegian geratu dira datorren astean. Amaia kafetegian dagoela zain, beste lagun batek ikusi eta adierazten dio eskuliburua behar duela azterketa prestatzeko eta erosiko diola 25 euro-tan. Momentu horretan agertzen da Beñat 20 eurorekin liburua jasotzera.

ERANTZUNA

Horrelako kasuaren azterketa egiteko, ez dago egitateen, erlazio juridikoen eta eskemen azalpena egin beharrik, oso sinpleak eta gogoratzeko errazak baitira. Horregatik, zuzenean egin daiteke analisia, beti ere, **egitateen ordena eta dinamika** jarraituz.

(1) Abiapuntua

(a) Liburua. Ondasun higigarria, materialki zehaztua eta mugatua. Fruiturik ez du ematen, beraz edukitza kitatzeko orduan, akzesioz fruituen gaineko jabetza-eskubidea nork duen erabaki beharrik ez da egongo.

(b) Titularra. Liburuaren gain jabetza-eskubidea Amaiak du. Legitimazioa, beste eskuratzeko titulurik ezin badu frogatu, ondasun higigarriei buruzko eraentzak emango dio: *La posesión de los bienes muebles, adquirida de buena fe, equivale al título* (KZ 464).

(c) Asmoa. Amaiak gauza bat entregatu nahi du horren truk dirua jasotzeko. Gauza baten truk bestea ematen denean, trukea dago: *La permuta es un contrtao por el cual cada uno de los contratantes se obliga a dar una cosa para recibir otra* (KZ 1538). Baina gauza horietako bat dirua bada, orduan salerosketa dago: *Por el contrato de compra y venta uno de los contratantes se obliga a entregar una cosa determinada y el otro a pagar por ella un precio cierto, en dinero o signo que lo represente (*KZ 1445).

(2) Anuntzioa iragarki-taulan jartzea

(a) Alde-bateko borondate deklarazioa. Salerosketa-kontratua burutzeko eskaintza luzatzen da, baina kontraturik ez da sortu oraindik: *No hay contrato sino cuando concurren los requisitos siguientes: 1° Consentimiento de los contratantes. 2° Objeto cierto que sea materia del contrato. 3° Causa de la obligación que se establezca* (KZ 1261). *El consentimiento se manifiesta por el concurso de la oferta y de la aceptación sobre la cosa y la causa que han de constituir el contrato* (KZ 1261).

(b) Hartzailea. Eskaintza badago, baina onartzen duenik ez oraindik, beraz, kontratuan beti egon behar den beste alderdia zehazteke dago.

(3) Telefono deia

(a) Onartzea. Beñatek liburua eskuratzeko asmoa badu, bere interesa edozein delarik ere. Amaiarekin telefonoz hitz egin eta biak ados jarri dira.

(b) Forma. Hitza bakarrik erabili dute, idatziz ezer jarri eta sinatu gabe. Legeak, ordea, hau esaten du: *También deberán hacerse constar por escrito, aunque sea privado, los demás contratos en que la cuantía de las prestaciones de uno o de los dos contratantes exceda de 1.500 pesetas (9 €)* (KZ 1.280. art. *in fine*). Hala eta guztiz ere, forma hori betetzea (idatziz jartzea) ez da eskatzen kontratua burutzeko eta, halakoetan, alderdietako edonork idatziz jartzera behartzeko ahalmena izango du, besterik gabe: *Si la Ley exigiere el otorgamiento de escritura u otra forma especial para hacer efectivas las*

obligaciones propias de un contrato, los contratantes podrán compelerse recíproca-
mente a llenar aquella forma desde que hubiese intervenido el consentimiento y demás
requisitos necesarios para su validez (KZ 1279).

(c) Harreman juridikoa. Kontratua burutu da, hain zuzen ere ados jarri diren bi alderdi
badaudelako (Amaia eta Beñat), objektua merkataritzan dagoen gauza delako (KZ 1271)
eta kausa ere badagoelako (KZ 1274): *La venta se perfeccionará entre comprador y ven-*
dedor, y será obligatoria para ambos, si hubieren convenido en la cosa objeto del con-
trato, y en el precio, aunque ni la una ni el otro se hayan entregado (KZ 1450). Gero, nahi
izanez gero, alderdietako batek bestea behartu dezake idatziz jartzea kontratua.

(4) Obligazio juridikoak

(a) Kontratua obligazioen iturri. Kontratua burutzen denean, obligazioak sortzen dira:
Las obligaciones nacen... de los contratos... (KZ 1089).

(b) Obligazio nagusiak. Salerosketa kontratuan, obligazio nagusiak bi dira: batetik, gauza
entregatzeko obligazioa eta, bestetik, dirua entregatzeko obligazioa (KZ 1445).

Hartzekoduna	**Prestazioa**	**Gauza**	**Zorduna**	0_1
Beñat	**entregatzea**		**Amaia**	
	Liburua			

Lotura Elkarkaria

Hartzekoduna	**Prestazioa**	**Prezioa**	**Zorduna**	0_2
Amaia	**entregatzea**		**Beñat**	
	Dirua 20 €			

- **Liburua entregatzeko obligazioa:** *El vendedor está obligado a la entrega y*
saneamiento de la cosa objeto de la venta (KZ 1461). *Se entenderá entregada la cosa*
vendida, cuando se ponga en poder y posesión del comprador (KZ 1462).

- **Dirua entregatzeko obligazioa:** *El comprador está obligado a pagar el precio de la*
cosa vendida en el tiempo y lugar fijados por el contrato (KZ 1500.1).

- **Sinalagma:** Obligazio nagusien artean sinalagma-lotura dago, izaeraz elkarkariak dira:
bata bestearen kariaz sortu (sinalagma genetikoa) eta beteko (sinalagma funtzionala) dira
(*cfr*. KZ 1466 eta 1500; jurisprudentziak eta doktrinak garatutako erakundea da).

(5) Noiz bete behar da bakoitza. Sinalagma funtzionala alderdiek erabaki eta moldatu
dezakete. Hala, obligazio bata zein bestea betetzeko eguna eta lekua finkatu dituzte, geratu
baitira kafetegian halako egunean eta orduan liburua entregatu eta dirua ordaintzeko.

(a) Liburua entregatzea. *El vendedor no estará obligado a entregar la cosa vendida, si el*
comprador no le ha pagado el precio o no se ha señalado en el contrato un plazo para el
pago (KZ 1466).

(b) Dirua ordaintzea. *Si no se hubieren fijado, deberá hacerse el pago en el tiempo y*
lugar en que se haga la entrega de la cosa vendida (KZ 1500.2).

(c) Epea. Eguna iritsi den ikusi behar da: *Las obligaciones para cuyo cumplimiento se*
haya señalado un día cierto, sólo serán exigibles cuando el día llegue (KZ 1125.1).

(6) Salbuespenak. Obligazioa ez betetzeko salbuespenak jarri daitezke, beti ere sortutako obligazioren elementuak eta inguruabarrak ez badira errespetatzen: lekua, garaia, baldintzak, objektua, eta abar.

(a) Lege indarra. Sortutako obligazioa bete egin behar da: *Las obligaciones que nacen de los contratos tienen fuerza de ley entre las partes contratantes, y deben cumplirse al tenor de los mismos* (KZ 1091). Bestela, obligazioaren ez-betetzea dago. Amaiak ezin du Beñatekin duen obligazioa aldatu eta, kasuan, 25 € eskatu, beste lagun batek hori agindu diola alegatuz.

(b) Eskaintza berria Amaiari bere lagunak eskaintza hobea egin dio. Erosteko eskaintza berri bat da eta Amaiak beste kontratu bat berarekin egin dezake onartu eta ados badago; orduan, beste bi obligazio nagusi berri sortuko dira. Gauza berbera saldu daiteke bi erosleri: *Si una misma cosa se hubiese vendido a diferentes compradores, la propiedad se transferirá a la persona que primero haya tomado posesión de ella con buena fe, si fuere mueble* (KZ 1473.1).

(7) Obligazioa ez betetzea. Kasuan Amaiak bere lagunari saldu eta emango balio liburua, Beñatekin duen obligazioa ezin du bete eta badaki.

(a) Ez-betetzea. Norbaitek bere obligazioa ez badu betetzen, ez-betetzearen ondorioak jasan beharko dira. Gainera, apropos (doloz) ez bada bete klateka (baleude) ordaindu beharko dira: *Quedan sujetos a la indemnización de los daños y perjuicios causados los que en el cumplimiento de sus obligaciones incurrieren en dolo, negligencia o morosidad, y los que de cualquier modo contravinieren al tenor de aquéllas* (KZ 1101).

(b) Elkarkariak. Obligazio bat ez bada betetzen, obligazio horretako hartzekodunak beste obligazioa suntsiarazteko ahalmena du: *La facultad de resolver las obligaciones se entiende implícita en las recíprocas, para el caso de que uno de los obligados no cumpliere lo que le incumbe* (KZ 1124). Bestalde, berandutzari buruzko eraentza berezia ere badago: *En las obligaciones recíprocas ninguno de los obligados incurre en mora si el otro no cumple o no se allana a cumplir debidamente lo que le incumbe. Desde que uno de los obligados cumple su obligación, empieza la mora para el otro* (KZ 1100.3).

BESTE KASU BATZUK

(1) Amaiak motorra erosi dio Beñati eta 600 euro zor dizkio. Dirua ordaindu ostean, Beñatek oporretan jadanik gastatu ditu. Amaiak hamasei urte dauzka eta egin duen ordainketa balizokoa ote den galdetu dizu.

(2) Alabak etxea erosi nahi du eta, aurreztutakoa osatzeko, dirua falta du. Gurasoak prest daude dirua uzteko eta, dokumentu pribatuan, dirua maileguan eman diote haiek beren alabari. Dirua noiz eta nola itzuli, ordea, zehaztu gabe utzi dute, lan segururik ez baitauka alabak eta ahal duenean itzultzeko asmotan.

(a) Kontratua baliozkoa al da?

(b) Eperik gabeko obligazioa al da? Edo baldintzapekoa?

(c) Gurasoek diru-premiara etortzen badira, erreklama dezakete dirua berehala itzultzea?

(3) Karrera bukatu duzu baina aholkularitza juridikoan aritzea ez zen zure asmoa. Orain, baserri bat hartu errentan eta barazkiak lantzen hasi zara. Horretarako, nekazaritzako makina-dendan hainbat tresna erosi dituzu, guztira 5.000 euro faktura eraginez. Ordaintzeko, hurrengo hamar hilabetetan hilero 500 euro ordaintzeko hitza eman duzu. Lehen bi hilabeteak ordaindu dituzu, baina negu giroaren ondorioz, ekoizpena asko urritu da eta diruz larri zabiltza. Amak badaki hirugarren ordainketa ez duzula egin eta, zuri ezer esan gabe, dendara joan eta ordaintzeko geratzen zena kitatu du. Zuk baserria zure kabuz aurrera egin nahi zenuenez, ez zaizu ondo iruditu amak egin duena eta ordainketa hori ezin zuela egin esaten diozu, ez zelako bere zorra, zurea baizik.

(4) Nire umeak, eskolan, erasoa jasan du. Zortzi urte ditu eta, esaten duenez, 12 edo 13 urteko beste ume batzuren baloia hartzeagatik, bultza egin zuten, lurrera bota eta ostikoak eman zizkioten. Horren ondorioz, hospitalean egon da egun batzutan eta orain etxean dago zauriak sendatzen.

LAUGARREN MAILA

FAMILIA-ZUZENBIDEA

KASUA

Zure amaren gurasoek, ustekabean, dibortziatzea erabakitzen dute; alaba bakarra dute. Abokatu zarenez, dibortziatzeko paperak lehen bait lehen egitea eskatzen dizute.

ERANTZUNA

Eraentza juridikoa

(1) Arau materialak

KZ 87: «*Los cónyuges también podrán acordar su divorcio de mutuo acuerdo mediante la formulación de un **convenio regulador** ante el Secretario judicial o en **escritura pública ante Notario**, en la forma y con el contenido regulado en el artículo 82, debiendo concurrir los mismos requisitos y circunstancias exigidas en él. Los funcionarios diplomáticos o consulares, en ejercicio de las funciones notariales que tienen atribuidas, no podrán autorizar la escritura pública de divorcio*».

KZ 82: «*1. Los cónyuges podrán acordar su separación de mutuo acuerdo transcurridos **tres meses desde la celebración del matrimonio** mediante la formulación de un convenio regulador ante el Secretario judicial o en escritura pública ante Notario, en el que, junto a la voluntad inequívoca de separarse, determinarán las medidas que hayan de regular los efectos derivados de la separación en los términos establecidos en el artículo 90. Los funcionarios diplomáticos o consulares, en ejercicio de las funciones notariales que tienen atribuidas, no podrán autorizar la escritura pública de separación. Los cónyuges deberán intervenir en el otorgamiento de modo personal, sin perjuicio de que deban estar asistidos por Letrado en ejercicio, prestando su consentimiento ante el Secretario judicial o Notario. Igualmente los hijos mayores o menores emancipados deberán otorgar el consentimiento ante el Secretario judicial o Notario respecto de las medidas que les afecten por carecer de ingresos propios y convivir en el domicilio familiar. 2. No será de aplicación lo dispuesto en este artículo cuando existan **hijos menores no emancipados o con la capacidad modificada judicialmente que dependan de sus progenitores***».

KZ 90.2: «*Cuando los cónyuges formalizasen los acuerdos ante el Secretario judicial o Notario y éstos considerasen que, a su juicio, alguno de ellos pudiera ser dañoso o gravemente perjudicial para uno de los cónyuges o para los hijos mayores o menores emancipados afectados, lo advertirán a los otorgantes y darán por terminado el expediente. En este caso, los cónyuges sólo podrán acudir ante el Juez para la aprobación de la propuesta de convenio regulador. Desde la aprobación del convenio regulador o el otorgamiento de la escritura pública, podrán hacerse efectivos los acuerdos por la vía de apremio*».

(2) Arau notariala

Notaritza Legea 54: «*1. Los cónyuges, cuando no tuvieren hijos menores no emancipados o con la capacidad modificada judicialmente que dependan de ellos, podrán acordar su separación matrimonial o divorcio de mutuo acuerdo, mediante la formulación de un convenio regulador en escritura pública. Deberán prestar su consentimiento ante el **Notario del último domicilio común o el del domicilio o residencia habitual de cualquiera de los solicitantes**. 2. Los cónyuges deberán estar asistidos en el otorgami-*

ento de la escritura pública de **Letrado** *en ejercicio. 3. La solicitud, tramitación y otorgamiento de la* **escritura pública** *se ajustarán a lo dispuesto en el Código Civil y en esta ley».*

(3) Erau erregistrala

EZL 61: «*Inscripción de la separación, nulidad y divorcio. El Secretario judicial del Juzgado o Tribunal que hubiera dictado la resolución judicial firme de separación, nulidad o divorcio deberá* **remitir**, *en el mismo día o al siguiente hábil y por medios electrónicos, testimonio de la misma a la Oficina General del Registro Civil, la cual practicará de forma inmediata la correspondiente inscripción. Las resoluciones judiciales que resuelvan sobre la nulidad, separación y divorcio podrán ser objeto de anotación hasta que adquieran firmeza. La misma obligación tendrá el Notario que hubiera autorizado la escritura pública formalizando un convenio regulador de separación o divorcio. Las resoluciones judiciales o las escrituras públicas que modifiquen las inicialmente adoptadas o convenidas también deberán* **ser inscritas** *en el Registro Civil. Las resoluciones sobre disolución de matrimonio canónico, dictadas por autoridad eclesiástica reconocida, se inscribirán si cumplen los requisitos que prevé el ordenamiento jurídico».*

Elkarrekin adostutako dibortzio-eskritura

Protokolo zenbakia…

Donostian, nire egoitzan, 2017ko abenduaren 28an.

Andere/jaun…, Donostiako eta Euskal Herriko Notario Elkargo Txit Prestuko notarioa.

Nire aurrera etorririk

Ezkontideak (A eta B): identifikazio-datuak.

Abokatua: laguntza juridikoa eskaintzeko (kolegiatu-zenbakia).

Parte hartzen dute

Beren izenean eta eskubidean.

Abokatuak adieratzen duenez, jardunean ari den letratua da, eskritura ahu emateak eskatzen duen aholkularitza legala eskaintzeko gaitasunarekin.

Notaritzari buruzko Lege Organikoak 23. artikuluko c) atalean aurreikusten duen moduan identifikatzen ditut parte hartzaileak eta, parte hartzen duten heinean, eskritura hau emateko behar den gaitasun legala badutela egiaztatzen dut. Horretarako hau

Adierazten dutenez

I. A eta B Donostian ezkondu ziren, 1960ko abenduaren 28an eta ezkontza inskribatu bertako Erregistro Zibilean, erakusten didaten Familia Liburuak (edo ezkontza ziurtagiriak) egiaztatzen duenez.

II. Haien beren azken egongu komuna Donostia izan dute, Andatza kalean. Hori egiaztatzeko udalak emandako erroldatze-ziurtagiria erakusten didate. Beraz, eskritura hau egiteko eskumena badut nik.

III. Ezkonduta egonik alaba bakarra izan zuten, jadanik adin nagusikoa, erakutsitako Familia Liburutik ondorioztatzen denez; berak parte hartu behar izateko inguruabarrik ez da gertatzen.

IV. Adin gabeko edo gaitasuna murrizturiko beste umerik ez dute.

V. Ezkontide biek dibortziatzeko borondate argia azaltzen dute eta, hori burutzeko, dibortzioaren eraginak arautzen dituen hitzarmen arautzailea egin dute, zeina orri guztietan sinaturik egon eta jatorriko eskritura honi atxikiturik uzten den.

VI. Hitzarmen arautzaile hori ez zaio beste notario edo idazkari judizialari aurkeztu, atzera bota baizezaketen Kode Zibileko 90.2 artikuluan aurreikusitako arraozoiengatik.

VII. Hori guztia azaldurik hau

Erabakitzen dute

Lehena. A eta Bk, adostasunez, dibortziatzea erabakitzen dute, jatorriko eskritura honi atxiki zaion hitzarmen arautzailearen bidez, zeina berresten duten dagoen moduan.

Bigarrena. Erabaki honetan, jardunean den letratuaren laguntza jaso dute haiek eta eskritura sinatzeko une honetan ere presente da hura; letratuak ere eskritura sinatzen du, presente dela eta laguntza eman duela egiaztatzeko.

Hirugarrena. Indarrean izan den ezkontzako eraentza ekonomikoa, ganantzialen sozietatea hain zuzen, desegiten da. Sozietate haren kitatze-kontuak formalizatu eta onartzen dituzte hitzarmen arautzailean jasotzen den moduan, errepikatutzat joz.

Laugarrena. Dibortziaren eraginez, ezkontideek elkar eman ahal izan dituzten ahalorde eta adostasun guztiak errebokatzen dira.

Bosgarrena. Eskritura hau oraingoz baliabide elektroniko bidez igorri ezin denez Erregistro Zibilaren Bulego Nagusira, niri eskatzen didate eskritura honen kopia baimendua igortzea paperean ezkontza egin zen lekuko Erregistro Zibilera, inskribatua izan dadin Kode Zibileko 83. artikuluaren arabera; enkargua onartzen dut eta hura betetzeko izapideen berri jarraian jasoko da. Eskritura honetan jasotako dibortzioak fede oneko hirugarrenena aurrean eraginak sortuko ditu Erregistro Zibilean inskribatuz geroztik bakarrik.

Horrela adierazi eta erabaki dute.

Eranskina: Hitzarmen arautzailea

Donostian, ...ko ...aren ...an.

Elkarretaraturik

Alde batetik A..., adinez nagusia, ezkondua, ENA..., egoitza duelarik...

Bestaldetik B..., adinez nagusia, ezkondua, ENA..., egoitza duelarik...

Egintza hau egiteko beharrezko gaitasuna badutela elkar aitorturik, berezko askatasunarekin

Adierazten dutenez

I. Donostian ezkondu ziren 1960ko abenduaren 28an, San Vicente elizan.

II. Ezkontzako eraentza ekonomikoa irabazpidezko sozietatea izan da.

III. Ezkontza ostean, alaba bakarra izan dute, izenez..., adinez nagusia, ENA..., egoitza duelarik...

IV. Esan beharrik ez diren arrazoiengatik dibortziatzea eta hori bideratzeko izapideak betetzea erabaki dute; horregatik adostu dute hitzarmen arautzaile hau eta aurrerantzean beren erlazioa bideratzeko hitzartu dituzte honako

Erabakiak

Lehena. Bakoitzak bizitza bere aldetik antolatzeko askatasuna aitortzen dute elkar, bestearen intimitatea eta ohorea errespetatuz beti.

Bigarrena. Ezkotzaren eta familiaren egoitza izan da Donostian, Andatza kalean... Etxebizitza erabiltzeko ahalmena, hura saldu bitartean, Ak izango du.

Hirugarrena. Irabazpidezko sozietatea osatzen duten ondasunak dira ezkontzako etxebizitza eta kontu korrontea... Beren balioa erdibanatuko dute dirutan, behin hura saldu eta negozio horren gastu guztiak ordaindu ostean. Gainerako ondasunak banatuak dituzte adostasunez.

Laugarrena. Ezkontza desegiteak ez du desoreka ekonomikorik ekartzen inorentzat eta elkarren arteko berdinketa ekonomikorik egin beharrik ez da.

Bosgarrena. Dibortzio-prozesuak eragingo dituen gastu oro erdibana ordainduko dute.

Adierazitakoarekin ados daudela agertzeko, dokumentu hau hirutan sinatzen dute, ergin bakarrarekin ordea, goian aipatu den lekuan eta datan.

BESTE KASU BATZUK

(1) Nire gurasoek argazkiak atera ohi dizkidate txikitatik. Argazki horietako askotan biluzik agertzen naiz bainu-gelan edo komunean, edo nire gelan beste lagunekin batera. Betidanik *facebook*a eduki dute nire gurasoek eta ar gazki horiek guztiak bertan zintzilikaturik izan dira, edonork ikus ditzan edo, agian, bereganatu ditzan. Orain hamasei urte dauzkat eta horiek kentzea nahi dut; bestalde kalteordaina eskatzerik ba ote dudan pentsatzen ari naiz.

(2) Zure gurasoak aparte bizi dira eta, zu A-rekin bizi izanik, B-k mantenu-pentsioa ematen dizu. Orain, graduko ikasketak amaitzera zoaz eta epaile izateko oposaketak prestatu nahi dituzu. B-k pentsio gehiagorik ez dizula emango esan dizu, nahikoa ikasi duzula eta, lanean hasteko edo lana bilatzeko, graduatua izatea nahikoa dela.

LAUGARREN MAILA

OINORDETZA-ZUZENBIDEA

KASUA

Bereizi jaraunspena onartzea, legatua entregatzea eta herentzia esleitzea: prestatu eskritura publikoa.

ERANTZUNA

16061987

FERMÍN LIZARAZU ARAMAYO
Notario
San Marcial, 13 - 1° Dcha.
20005- SAN SEBASTIÁN
Tlfno: 943 42 36 13. Fax: 943 43 11 37.

NÚMERO MIL CUATROCIENTOS

ACEPTACIÓN DE HERENCIA, ENTREGA DE LEGADO Y ADJUDICACIÓN DE HERENCIA.

En Donostia-San Sebastián, mi residencia, a veintisiete de abril de dos mil dieciséis.

Ante mí: FERMÍN LIZARAZU ARAMAYO, Notario del Ilustre Colegio del País Vasco.

==== COMPARECEN ====

DOÑA LUISA , mayor de edad, soltera, de vecindad civil vasca, vecina de San Sebastián, calle - 1ª dcha., con D.N.I. número 15.

Sus circunstancias personales resultan de sus manifestaciones.

INTERVIENE:

A) En su propio nombre y derecho.

B) En nombre y representación como apoderada de DON

AZR mayor de edad, soltero, de vecindad civil vasca, vecino de San Sebastián, calle , con D.N.I. número -E.

Se encuentra legitimado para el presente otorgamiento en virtud de poder conferido a su favor mediante escritura autorizada por el Notario de Lasarte-Oria Don Miguel-Ángel Martínez Urroz, como sustituto por imposibilidad accidental de su compañero de San Sebastián Don Manuel-Fernando Cánovas Sánchez y para su protocolo el 20 de agosto de 2015, número 1.270 de protocolo, en el que se contempló expresamente la posibilidad de que pudieran existir intereses contrapuestos o concurrentes entre los del poderdante y la apoderada, de que incidiera en autocontratación, representación múltiple o colisión de intereses.

Tengo a la vista copia autorizada del indicado documento público, del que, a mi juicio, y bajo mi responsabilidad, de lo que doy fe expresa, resultan facultades representativas suficientes para formalizar la presente escritura y con los pactos y condiciones que se estipulen, y que en este instrumento público se contienen; manifestándome la compareciente la vigencia del mismo. Todos los datos consignados resultan de la documentación fehaciente reseñada que se me exhibe y devuelvo.

DON GARKA , mayor de edad,

16061988

casado, de vecindad civil vasca, vecino de San Sebastián, .-dcha., con D.M.I. número

Sus circunstancias personales resultan de sus manifestaciones.

INTERVIENE: En su propio nombre y derecho.

DON AITOR , mayor de edad, soltero, de vecindad civil vasca, vecino de San Sebastián, calle 4° D. con D.N.I. número 72.

Sus circunstancias personales resultan de sus manifestaciones.

INTERVIENE: En su propio nombre y derecho.

DOÑA JUNE mayor de edad, soltera, de vecindad civil vasca, vecina de San Sebastián, calle dcha., con D.N.I. número 72

Sus circunstancias personales resultan de sus manifestaciones.

INTERVIENE:

A) En su propio nombre y derecho.

B) En nombre y representación como apoderada de DON

PABLO , mayor de edad, separado judicialmente, de vecindad civil vasca, vecino de San Sebastián, calle la., con D.N.I. número 15.

Se encuentra legitimada para el presente otorgamiento en virtud de poder conferido a su favor mediante escritura autorizada por el Notario que suscribe el 20 de abril de 2016, número 1.357 de protocolo, en el que se contempló la posibilidad de que la apoderada incidiera en la figura del autocontrato, se diera riesgo de colisión de intereses o el caso de doble o múltiple representación.

Tengo a la vista copia autorizada del indicado documento público, del que, a mi juicio, y bajo mi responsabilidad, de lo que doy fe expresa, resultan facultades representativas suficientes para formalizar la presente escritura y con los pactos y condiciones que se estipulen, y que en este instrumento público se contienen; manifestándome el compareciente la vigencia del mismo. Todos los datos consignados resultan de la documentación fehaciente reseñada que se me exhibe y devuelvo.

16061989

DON IÑAKI   , mayor de edad, soltero, de vecindad civil vasca, vecino de San Sebastián, calle -   -   - -, con D.N.I. número 44- - -

Sus circunstancias personales resultan de sus manifestaciones.

INTERVIENE: En su propio nombre y derecho.

DOÑA MARÍA   , mayor de edad, soltera, de vecindad civil vasca, vecina de San Sebastián, calle - - - -, con D.N.I. número --

Sus circunstancias personales resultan de sus manifestaciones.

INTERVIENE: En su propio nombre y derecho.

DOÑA   -ÁNGELES   mayor de edad, / separada judicialmente, de vecindad civil vasca, vecina de San Sebastián, -- - -   - - con D.N.I. número

Sus circunstancias personales resultan de sus manifestaciones.

INTERVIENE: En su propio nombre y derecho.

Idéntico a los comparecientes por sus Documentos de Identidad y tienen, a mi juicio, capacidad bastante para otorgar esta escritura.

==== EXPONEN ====

I.- FALLECIMIENTO DE LA CAUSANTE.- Que DOÑA CONCEPCIÓN

con D.N.I. número   falleció en San Sebastián (Gipuzkoa) de donde era vecina el 25 de junio de 2001 en estado de soltera careciendo de descendientes y de ascendientes.

DOÑA CONCEPCIÓN   , falleció bajo testamento abierto autorizado por el Notario de San Sebastián Don Francisco-Javier Roig Morrás el 25 de febrero de 1997, número   de protocolo, en el que tras hacer constar sus circunstancias personales dispuso lo siguiente:

"PRIMERA.- Instituye los siguientes legados:-

- A su sobrina, Doña   Luisa   ; y a sus sobrinos nietos, GARA y AITOR
JUNE Y MANEX
IÑAKI Y ARITZ
y María   por iguales partes, la nuda propiedad de la participación indivisa que corresponda a la testadora, en el local bajo derecha de

instituye heredera a su expresada hermana, Doña [a]
DOROTEA , siendo sustituida, en caso de
premoriencia, con su sobrina, Doña Luisa .

Certificado de defunción de la causante, del
Registro de Actos de Última Voluntad y copia autorizada
del testamento acompañarán a la primera copia que se
presente escritura se expida.

Certificado del Registro General de Contratos de
Seguros de Cobertura de fallecimiento de la Dirección
General de los Registros y del Notariado queda unido a la
presente.

II.- Que DON MANEX , con D.N.I.
número 72. falleció en San Sebastián (Gipuzkoa)
de donde era vecino el 2 de a 20 en estado
de soltero, careciendo de descendientes y sobreviviéndole
sus padres DON PABLO Y DOÑA
ADELA y sin haber otorgado
disposición alguna de última voluntad.

Que mediante "Acta de notoriedad de declaración de
herederos abintestato" autorizada por el Notario que
suscribe el 15 de mayo de , número 1.5 de mi
protocolo, fueron declarados únicos herederos abintestato
de DON MANEX por partes iguales,

16061990

la casa número diez de la calle de Narrica de esta
ciudad.

- A su también sobrina Luisa ,
la nuda propiedad de la parte indivisa que le corresponda
en la vivienda derecha, del piso primero, de la misma
casa número diez de la calle de a de esta ciudad.

- A su hermana, Doña DOROTEA ,
el usufructo vitalicio del citado local bajo derecha y
piso primero derecha, de la mencionada casa número diez
de la calle , cuya nuda propiedad ha sido objeto
de los legados precedentes.

- Y a la citada sobrina, Doña Luisa a
l pleno dominio de los negocios de la testadora
en la casa números ocho y diez de la calle de 1 de
esta capital, pero con la obligación de satisfacer a su
hermana, Doña DOROTEA la suma de
cien mil pesetas mensuales, más el I.P.C.
correspondientes, en tanto en cuanto, como es natural,
viva.

SEGUNDO.- En el remanente de sus demás bienes,

Tiene una superficie de veintinueve metros veintisiete centímetros cuadrados. Linda: Norte, calle Fermín   ; Sur, bodega de Do   y Albizu; Este, Bodega de "   \ Pérez Icazategui; y Oeste, calle   .

Le corresponde una participación en los elementos comunes del edificio de SEIS ENTEROS POR CIENTO, sin que esta manifestación surta efectos hipotecarios.

Inscripción: Tomo   , libro 200 de la sección 1ª, folio 11, finca 11.144/S, inscripción 1ª, del Registro de la Propiedad nº   de San Sebastián.

Datos catastrales: Referencia catastral: 8297510; número de finca: 1543.

Coordinación Catastro-Registro de la Propiedad: La finca descrita no se halla coordinada gráficamente con el Catastro.

Valor de 1/3 parte indivisa de la finca descrita a fecha de fallecimiento: 20.000,00 euros.

2.- UNA TERCERA PARTE INDIVISA DE LA SIGUIENTE FINCA:

URBANA.- PLANTA BAJA O TIENDA SITA EN LA PARTE DEL ÁNGULO DE LA CASA, FORMADO POR LAS FACHADAS QUE MIRAN A LAS CALLES DE   , DE LA CASA SEÑALADA CON EL NÚMERO   MODERNO, SEIS ANTIGUO, DE LA

16061992

FINCA:

URBANA.- PISO PRIMERO O PRINCIPAL, DELA CASA CORRESPONDIENTE AL ÁNGULO QUE FORMAN LAS FACHADAS QUE MIRAN A LAS CALLES DE   Y DE   N, SEÑALADA CON EL NÚMERO   : MODERNO, SEIS ANTIGUO, DE LA CALLE   . DE SAN SEBASTIÁN.

Tiene una superficie de ciento sesenta y siete metros cuadrados y diecisiete centímetros. Confina: por el Norte, con la calle de   5n; por el Sur, con habitación de Don Justo Alzúa   y con patio; por el Este, con la casa número once de la calle de   ; y por el Oeste, con la calle de

Se dice en el documento que motiva este asiento, le corresponde una participación en los elementos comunes del edificio de un DIEZ POR CIENTO, sin que esta manifestación surta efectos hipotecarios.

Inscripción: Tomo   , libro 200 de la sección 1ª, folio 22, finca 11.149/S, inscripción 1ª, del Registro de la Propiedad nº   de San Sebastián.

Datos catastrales: Referencia catastral: 8297530 número de finca: 1543

Coordinación Catastro-Registro de la Propiedad: La finca descrita no se halla coordinada gráficamente con

CALLE   , DE SAN SEBASTIÁN.-

Tiene una superficie de cuarenta y dos metros noventa y ocho centímetros cuadrados. Linda: Norte,   ; Sur, portal de entrada general de calle   ; Este, parte correspondiente a Doña : la casa. Este, parte correspondiente a Doña : y Oeste, calle   responde una participación en los elementos edificio de TRECE ENTEROS POR CIENTO, sin manifestación surta efectos hipotecarios.-

Inscripción: Tomo   , libro 200 de la sección 1ª, folio 16, finca 11.146/S, inscripción 1ª, del Registro de la Propiedad nº   de San Sebastián.

Datos catastrales: Referencia catastral: 8297530 número de finca: 1543

Coordinación Catastro-Registro de la Propiedad: La finca descrita no se halla coordinada gráficamente con el Catastro.

Valor de 1/3 parte indivisa de la finca descrita a fecha de fallecimiento: 155.000,00 euros.

3.- UNA TERCERA PARTE INDIVISA DE LA SIGUIENTE

16061993

el artículo 170 del Reglamento Notarial, sendas certificaciones catastrales descriptivas y gráficas, obtenidas por los medios habilitados al efecto, en la que consta la titularidad de los inmuebles, su superficie y ubicación de los mismos.

V.- LIQUIDACIÓN DEL CAUDAL HEREDITARIO.- Hacen constar los otorgantes que no se tiene conocimiento de deuda alguna a cargo de DOÑA CONCEPCIÓN ¿.

VI.- FORMACIÓN DE HABERES:

+ DOÑA -LUISA ¿:
- Por su legado: 154.375,00 euros.-
- Por sus derechos hereditarios: 20.000,00 euros.-

+ DON GARIKA ¿:
- Por su legado: 19.375,00 euros.-

+ DON AITOR
- Por su legado: 19.375,00 euros.-

+ DOÑA JUNE ¿:
- Por su legado: 19.375,00 euros.-

+ DON PABLO ¿:
- Por su legado: 9.687,50 euros.-

+ DOÑA ADELA ¿:
- Por su legado: 9.687,50 euros.-

+ DON IÑAKI ¿:
- Por su legado: 19.375,00 euros.-

el Catastro.

Valor de 1/3 parte indivisa de la finca descrita a fecha de fallecimiento: 135.000,00 euros.-

Título: DOÑA CONCEPCIÓN es dueña con carácter privativo de 1/3 parte indivisa de cada una de las tres fincas descritas:

- En cuanto a 1/5 parte indivisa por adjudicación de herencia mediante escritura autorizada por el Notario de San Sebastián Don Luis Barrueta Echave el 26 de abril de 1949.

- En cuanto a 1/20 ava parte indivisa por compra mediante escritura autorizada por el Notario de San Sebastián Don Luis Barrueta Echave el 10 de agosto de 1949.

- En cuanto a 1/12 ava parte indivisa por compra mediante escritura autorizada por el Notario de San Sebastián Don Gregorio de Altube e Izaga el 6 de abril de 1964.

Certificaciones catastrales descriptivas y gráficas:

Quedan unidas a esta matriz, conforme a lo establecido en

16061994

+ DON ARITZ :
  - Por su legado: 19.375,00 euros.
+ DOÑA MARÍA :
  - Por su legado: 19.375,00 euros.

VII.- Y sobre la base de lo expuesto, los comparecientes.

==== OTORGAN ====

PRIMERO.- DOÑA LUISA CONCEPCIÓN, como única heredera de DOÑA CONCEPCIÓN, la acepta y manifiesta que los bienes existentes a su fallecimiento son los que han sido descritos en la parte expositiva de esta escritura.

SEGUNDO.- DOÑA LUISA CONCEPCIÓN, como única heredera de DOÑA CONCEPCIÓN, hace entrega y toma posesión en este acto de los legados ordenados por la causante en su testamento y así:

a) Entrega a DON GAIZKA que recibe como legatario el pleno dominio de 1/24 ava parte indivisa de la finca registral 11.14 del Registro de la Propiedad n° de San Sebastián descrita bajo el

número 2 del expositivo IV que antecede por su valor de 19.375,00 euros.

b) Entrega a DON AITOR que recibe como legatario el pleno dominio de 1/24 ava parte indivisa de la finca registral 11.14 del Registro de la Propiedad n° de San Sebastián por su valor de 19.375,00 euros.

c) Entrega a DOÑA JUNE que recibe como legataria el pleno dominio de 1/24 ava parte indivisa de la finca registral 11.14 del Registro de la Propiedad n° de San Sebastián por su valor de 19.375,00 euros.

d) Entrega a DON PABLO que recibe como legatario el pleno dominio de 1/48 ava parte indivisa de la finca registral 11.14 del Registro de la Propiedad n° de San Sebastián por su valor de 9.687,50 euros.

e) Entrega a DOÑA ADELA que recibe como legataria el pleno dominio de 1/48 ava parte indivisa de la finca registral 11.14 del Registro de la Propiedad n° de San Sebastián por su valor de 9.687,50 euros.

f) Entrega a DON IÑAKI que recibe como legatario el pleno dominio de 1/24 ava parte

16061995

indivisa de la finca registral 11.14 del Registro de la Propiedad nº de San Sebastián por su valor de 19.375,00 euros.

g) Entrega a DON ARITZ, que recibe como legatario el pleno dominio de 1/24 ava parte indivisa de la finca registral 11.14 del Registro de la Propiedad nº de San Sebastián por su valor de 19.375,00 euros.

h) Entrega a DOÑA MARÍA que recibe como legataria el pleno dominio de 1/24 ava parte indivisa de la finca registral 11.14 del Registro de la Propiedad nº de San Sebastián por su valor de 19.375,00 euros.

i) DOÑA -LUISA toma posesión como legataria de:

- El pleno dominio de 1/24 ava parte indivisa de la finca registral 11.14 del Registro de la Propiedad nº de San Sebastián por su valor de 19.375,00 euros.

- El pleno dominio de 1/3 parte indivisa de la finca registral 11.14 del Registro de la Propiedad nº . de

NATURALEZA URBANA: Se solicitan las bonificaciones que correspondan a lo otorgado en la presente escritura.———

Se advierte a los comparecientes de la posible sujeción al Impuesto sobre el Incremento de Valor de Naturaleza Urbana ("plusvalía municipal") de esta operación y que el Registro de la Propiedad no practicará la inscripción correspondiente mientras no se acredite previamente haber presentado la autoliquidación o, en su caso, la declaración del impuesto, o la comunicación a que se refiere la letra b) del apartado 6 del artículo 110 del Texto Refundido de la Ley Reguladora de las Haciendas Locales, aprobado por el Real Decreto Legislativo, 2/2004, de 5 de marzo.———

Hago las reservas y advertencias legales, en particular y a efectos fiscales advierto: de las obligaciones y responsabilidades tributarias que incumben a las partes, en su aspecto material, formal y sancionador; de las consecuencias de toda índole que se derivarían de la inexactitud de sus declaraciones; de las normas sobre valoración existentes; y de los plazos de presentación de la copia de esta escritura para la liquidación de los impuestos a que esté sujeta.———

De acuerdo con lo establecido en la Ley Orgánica 15/1999 los comparecientes quedan informados y aceptan la

16061996

representación, ejercite las siguientes facultades única y exclusivamente con relación a las partes indivisas de las fincas descritas en la parte expositiva de esta escritura:———

Vender y por cualquier otro título oneroso transmitir, eligiendo el comprador o compradores, y fijando libremente el precio y condiciones; percibir dicho precio, confesar haberlo recibido, o aplazarlo en todo o en parte, y, en tal caso, acordar o no garantías por el precio aplazado, aceptarlas, y cancelarlas en su día; describir los bienes y rectificar cabidas y linderos, si fuese preciso; hacer las segregaciones, divisiones, agrupaciones, declaraciones de obra nueva, y constitución o modificación del régimen de propiedad horizontal, que fuesen necesarias para la venta; realizar las aclaraciones o subsanaciones precisas, incluso manifestar si es o no la vivienda habitual de la familia.

SOLICITUD DE BONIFICACIÓN A EFECTOS DEL IMPUESTO SOBRE EL INCREMENTO DE VALOR DE LOS TERRENOS DE

16061997

...incorporación de sus datos a los ficheros autorizados existentes en la Notaría, que se conservarán en la misma con carácter confidencial, sin perjuicio de las remisiones de obligado cumplimiento.

Advertidos los comparecientes de su derecho a leer o a que yo les lea esta escritura, optan por lo segundo, y, realizado ello, la encuentran conforme y firman conmigo el Notario.

Y yo, el Notario, DOY FE: del contenido del presente documento, al que han prestado libremente su consentimiento los comparecientes, cuyo otorgamiento se adecua a la legalidad y a la voluntad debidamente informada de los otorgantes extendida en once folios correlativos de papel foral timbrado, de serie B.-

Están las firmas de los comparecientes. Signado. Firmado y rubricado: FERMÍN LIZARAZU ARAMAYO. Está el sello de la Notaría.

NOTA.-El día 13 de mayo de 2016 expido COPIA ELECTRÓNICA para su remisión al Registro de la Propiedad nº de San Sebastián.- DOY FE. Firmado: F. Lizarazu.

NOTA.-La pongo yo el Notario para hacer constar que el día 13 de mayo de 2016 he recibido, impreso e incorporado a esta matriz la documentación remitida por el Registro de la Propiedad nº de San Sebastián por vía telemática, relativa al número de entrada y asiento de presentación de la finca o fincas objeto de la presente.-DOY FE. Firmado: F. Lizarazu.

————SIGUEN DOCUMENTOS UNIDOS————

Registro de la Propiedad de Donostia - San Sebastián Nº 2
Plaza Julio Caro Baroja Nº1 - 2ª planta - 20018 – San Sebastián
Teléfono: 943-31 34 55 – Fax: 943- 31 34 88
E-Mail: sansebastian2@registrodelapropiedad.org

...TRO DE LA PROPIEDAD DONOSTIA-SAN SEBASTIAN NUMERO DOS.

Presentado el precedente documento con fecha 9 de Agosto del año ... causando el asiento nº 697 del Diario 67, retirado el mismo día 9 de ... y reportado con fecha 12 de Agosto, previa calificación favorable del ... dentro del plazo legal, se ha inscrito en la fecha abajo indicada, el derecho ... dominio que comiene. la 1 y 3, de las fincas a favor de DOÑA _____ LUISA ... _____ FZ, con carácter privativo; y la segunda de las fincas a favor de DOÑA
... DON GARCIA y DON AITOR _____ ; DON IÑAKI y DON AITE _____ ; DOÑA MARIA LUISA JUNE _____ ; DOÑA MARIA _____ ; DON PABLO
... DOÑA ADELA _____ , los siete primeros en cuanto a una veinticuatro ava parte indivisa, cada uno de ellos, y los dos últimos en cuanto a una cuarenta y ocho ava parte indivisa, cada uno de ellos, con carácter privativo, todos ellos bajo la suspensión de la fe pública registral de conformidad con lo dispuesto en el Artículo 28 de la Ley Hipotecaria, por plazo de dos años, contados a partir de la fecha del fallecimiento de la causante, es decir, del día 25 de Junio de 2001, mediante asientos de inscripción extendidos donde expresan los cajetines de esta Oficina puestos al margen de la exención de cada una de las TRES FINCAS que el título comprende; a cuyos margenes se han extendido notas de afección fiscal por plazo de cinco años, y cuyo contenido que se presume exacto e íntegro, se halla bajo la salvaguardia de los Tribunales.

San Sebastián 2 de Septiembre de 2016
EL REGISTRADOR.

Se acompañan notas simples informativas
Se solicitada coordinación gráfica con catastro
... se efectúa

160S1S98

MINISTERIO DE JUSTICIA

DIRECCIÓN GENERAL DE LOS REGISTROS Y DEL NOTARIADO

REGISTRO GENERAL DE CONTRATOS DE SEGUROS DE COBERTURA DE FALLECIMIENTO

CERTIFICACION	09/04/2016	Nº	5017489965	Página	1 de 1

...er apellido del causante:	Segundo apellido:	Nombre: CONCEPCION

...ro de documento:	Nº de documento:	Fecha de defunción: 25/06/2001

En el registro general de contratos de seguros de cobertura de fallecimiento no consta ningún contrato asociado al número de documento arriba indicado.

EL JEFE DEL REGISTRO
POR DELEGACIÓN DE FIRMA
(Resolución 24-02-2010)

Fdo: Margarita Abejea Martínez

El certificado lleva una vigencia de dos años desde la fecha en la que fue expedida. Su responsabilidad de ...

Registro Civil de/Erregistro Zibila: Donostia-San Sebastián

Sección/Atala: 3. Certificación Literal / Hitzez hitzeko ziurtagiria

(1-3-5) DATOS DE IDENTIDAD DEL DIFUNTO:

(8-6) Nombre: Dª ROTERA

(7-6) Primer Apellido:

(7-6) Segundo Apellido:

(10-1-1-1) DNI:

Sexo (3-4-2) MUJER

(8-6-1) hijo de: MANUEL (8-6-2) y de: FAUSTINA

(4-1) Estado: (4-1-3-) SOLTERA (6-1) Nacionalidad: ESPAÑA

(9-7-6) Nacido el día: nueve de enero de mil novecientos t

(2-4-6) Lugar de nacimiento: DONOSTIA - SAN SEBASTIAN

(2-1-1-3) Provincia: GUIPUZCOA

(2-1-1-1) País: ESPAÑA

(2-1-2-1) Domicilio último (2-1-3-6): C/

(2-1-3-2) DONOSTIA - SAN SEBASTIAN (2-1-1-3) Provincia: GUIPUZCOA

(2-1-1) País: ESPAÑA

(5-3) DEFUNCIÓN:

(9-4-4) Hora: veintiuna horas veinte minutos

(2-6) Lugar:

(2-1-3-2) DONOSTIA - SAN SEBASTIAN (2-1-1-3) Provincia: GUIPUZCOA

(2-1-1) País: ESPAÑA

El enterramiento será en: POLLOE (2-1-3-2) DONOSTIA - SAN SEBASTIAN

(2-1-1-3) Provincia: GUIPUZCOA (2-1-1) País: ESPAÑA

DECLARACIÓN DE

D./Dña: AITOR IRADI SAEZ

En su calidad de: EMPLEADO DE LA EMPRESA FUNERARIA

Domicilio (2-1-3-6): AVDA. REKALDE - 57

(2-1-3-2) DONOSTIA - SAN SEBASTIAN (2-1-1-3) Provincia

(2-1-1) País: ESPAÑA

COMPROBACIÓN

Médico D./Dña: GLORIA L

Colegiado núm.: 202007419 Número del parte: 11 K21838

Hora: trece horas treinta y dos minutos

Fecha: cinco de enero de dos mil quince

(SIGUEN FIRMAS)

Encargado D./Dña: HECTOR,

Secretario D./Dña: MARIA BELEN

REGISTRO CIVIL DE DONOSTIA - SAN SEBASTIAN

Oinordetza eta Dohaintzen gaineko Zerga
Impuesto sobre Sucesiones y Donaciones

Aitorpen-Likidazioa / Declaración - Liquidación

Oinordetzak / Sucesiones

670

(1) Identifikazioa - Identificación

MARIA

SAN SEBASTIAN ... GIPUZKOA ... 20003

GONZALEZ N

SAN SEBASTIAN ... GUIPUZCOA

(11) Autolikidazioa - Autoliquidación

IRAUNKOR / EXPEDIDO IRAULVEN / PRESCRITO [X]

(15) Aurkezlea / Presentador

SAN SEBASTIAN ... GIPUZKOA

IRAULI APAILAYO ... 1456

DISERTAZIOA

DEFINIZIOA

Ariketa praktiko honen helburu nagusia edozein lan idatzi egiteko lan metodologia eskuratzea da, dela gai baten gaineko gogoeta teorikoa, ikerketa ereduari lotua, dela arazo juridiko zehatz baten gaineko iritzi aditua, diktamen edo txosten tankera izan dezakeena.

Bereziki erreparatu behar zaio ariketa mota honetan: gaiaren delimitazioari; iturrien lokalizazio, aukeraketa eta erabilerari; fitxen elaborazioari; lan planaren elaborazioari; idaztankerari, ulergarria eta zehatza izan dadin; eta zitak egiteko sistema egokiari.

Kontuan izan behar da, lehen mailatik abiatuko den metologia honen lanketaren helburua izango dela Gradu Amaierako Lanaren oinarriak finkatzea.

HELBURUAK URRATSEZ URRATS

Maila	Atazak
Lehena	Lehen mailan, disertazioa egiten hasi baino, oinarrizko tresnak erabiltzen trebatzetik hasiko gara. Horrela gai baten inguruko bibliografia eman eta gai horren gainean sintesi fitxak egiten ikasi behar da. Erreparatu behar zaio lehen mailan, iturrien jatorriari eta jatorria identifikatzen jakiteari. Ez dira baliagarri internetetik ateratako zita anonimoak edo eta ofizialtasunik gabeko web orriak (abokatu bufete baten publizitate web orria edo blog-a adibidez). Informazio baliagarria iturri kontrastatuetatik hartutakoa izango da soilik: jurisprudentziazko datu baseak, publikatutako artikulu edo monografiak, erakunde ofizialen web orriak (esate baterako, Europar Batasuna, Eusko Jaurlaritza, Diputatuen Kongresua, Eustat, eta abar). Erreparatu behar zaio bereziki iturrietatik eskuratutako ideia eta esaldi literalen zitatzeko obligazioari. Lanketa bat egin behar da ikaslea iturrien zita egiten ohitzeko.
Bigarrena	Bigarren mailan sintesi fitxak ordenatzen hasi behar du. Ariketaren helburua izango da: Emandako iturrietatik abiatuz, sintesi fitxak baliatuz testu desberdinetatik eskuratutako informazioa ulertu, sintetizatu eta gaiari erantzuteko moduko plan baten bitartez adieraztea. Gaiak honoko ezaugarriak izan behar ditu: kontzeptu juridikoak argizteko gaia izan behar du, konplexutasun urrikoa, bi edo hiru iturri erabiliz erantzun dezakeena. Ikasturteetan aurrera joan ahala gaiak konplexuago bihurtuko dira eta iturri gehiago erabili beharko dira. Gaiaren nondik norakoak eta galdera nagusiak eman behar zaizkio ikasleari.

Hirugarrena	Hirugarren mailan helburuak apalak dira oraindik, lanaren zioa iturriak eta ideiak egoki manejatzea izanik, ez da eskatzen sakontasunik. Lana deskriptiboa izango da, ideiak ongi ordenatzea da helburua eta modu zuzen eta ulergarrian formulatzen ikastea. Hirugarren mailan disertazioa egiteko iturri desberdinak integratzen hasi behar duzu: doktrina, arauak eta jurisprudentzia. Iturriak emanak egongo dira, baina mota bereko doktrinazko artikuluak, jurisprudentzia eta arau aplikagarriak aurkitzeko eska dakioke. Ohitura bat sortu behar da iturrien manejoan, ideien antolaketan eta lanaren plana egiteko metodologian. Maila honetan gai izan behar duzu ataza horiek txukun egiteko, zailtasun handirik gabe. Lanaren delimitazioa eta erantzun beharreko galderak emanak egongo dira, eta erabili beharreko iturriak identifikaturik egongo dira.
Laugarrena	Maila honetan ikasleak kontzeptuak manejatzen ditu eta iturriekin eroso sentitzen da, ideiak ordenatzen eta lan plan pertinentea egiten ikasi du. Egoki formulatzen daki eta zitak zuzen egiten ditu. Maila honetan erabili ahal diren iturriak anitzagoak dira, iturri juridikoak (kontratuak, diktamentak, arauak, jurisprudentzia, doktrina), eta ez bakarrik juridikoak (elkarrizketen erregistroak, Erregistro ofizialeetako estatistika ofizialak, eta abar). Ikasleak egin beharreko ikerketan iturriak arakatzeko eska dakioke. Helburua izango da, arazo juridikoak identifikatzen eta haien garrantzia ponderatzen hasi behar du. Lanak ez du deskriptibo hutsa izan behar baizik eta planteatzen diren arazoak bere konplexutasunean ulertu eta azaltzen hasi behar du. Ondorioz, ikasturte amaieran, ikasleak prest egon behar du metodologia honen bitartez Gradu Amaierako Lana (GAL) egiteko.

METODOLOGIA

Txostena, diktamena edo doktrinazko lana egiteko metodologia oinarrizkoa azaltzen da segidan. Edozein delarik disertazioaren zailtasun maila, metodologia ez da aldatzen. Prozedura bat aplikatu behar da, beti berdina dena eta modu automatizatu batean ikasleak eskuratu beharrekoa.

Gaiaren delimitazioa

(1) Ikasleak ongi ulertu behar du, idazten hasi aurretik, gaiaren gakoak zein diren, erantzun beharreko galdera nagusiak. Bestalde, gaiaren barnean zein diren lehen mailako eta bigarren mailako arazoak argi izan behar du. Inportantea da delimitazioa gaitik kanpokoak ebitatzeko eta arazo nagusiak eta bigarre mailakoak kategorizatu eta erantzun egokia emateko.

(2) Ikusi dugunez, lehen mailetan gaiaren identifikazioa eta gako edo galdera nagusiak emanak egon behar dute.

Gaiaren ulermena

(1) Landu beharreko gaiaren kontzeptuen definizioak argitu eta ulertu behar ditu ikasleak. Horretarako, kontzeptuen definizioa eska dakioke hiztegi juridikoetara joaz.

(2) Erakundeak badira aztertu beharrekoak, lana idazten hasi aurretik rubrikak egin behar ditu ikasleak, erakundearen ezaugarri guztiak ulertzen dituela ikusi arte.

Iturriak

(1) Lana egiteko zein iturri manejatu behar dituen zehaztu behar zaio ikasleari lehen mailetan, ondoren, eta progresiboki iturrien bilaketa bere lanaren zati bat bihurtuko da. Kontuan izan behar da iturri pertinenteak eta eguneratuak erabili behar dituela.

(2) Iturrien zitazioa nola egin erakutsi behar zaio, eta ez zitatzearen ondorio juridikoez jabetu behar du.

Edukiaren sintesi fitxak

(1) Iturri bakoitzaren eduki fitxak egin behar ditu lanean hasi aurretik. Ikus fitxa hauek lantzeko aurretik aipatutako argibideak ikus. Ideiak jaso behar dituzte fitxak eta ez kopia literala izan, nahiz eta kasu batzuetan zita literalak jasotzea ere zilegi den

(3) Fitxak ordenadorean egin ditzake aplikatibo egokien bitartez

Lan plana:

(1) Fitxen azterketa sakonetik abituaz, eta planteatu dizkiogun arazoei erantzuna emateko, ikasleak arazo bakoitzaren gaineko fitxak aukeratuko ditu.

(2) Fitxa horiek ordenatu eta kategorizatu behar dira, lanaren eskema edo plana lortzeko. Gaiak modu logiko batean ordenaturik egon behar du, tratatzen ari garen gaiari egoki zaion antolamentu irizpide egokiari jarraiki alegia (eredu baten arabera, ikus beherago 2. Taula). Antinomiak, teilaketak eta errepikapenak ekidin behar dira.

LAN-PLAN EREDUAK	
Plan kronolo-gikoa	*Periodotan banaturik agertuko zaigu lana: kontzeptu edo erakunde baten bilakaera historikoa ardatz duena; kontzeptu baten eraentza edo erregimen juridikoaren faseak aztertzen dituena, eta abar.* ADIBIDEA Pertsona fisikoaren kaudimengabezia egoera (1) Gehiegizko zorpetzearen diagnostikoa (2) Hartzekodunekin negoziatzeko aukera (Bigarren Aukeraren Legea) (3) Hartzekodunen konkurtsoaren deklarazioa (4) Konkurtsoaren likidazioa
Ondorio plana	*Disertazio gehienak ondorioen plan baten hezurdura izan ohi dute. Plan eredu honetan epigrafe hauek agertu ohi dira:* *- Definizioa (non erakunde edo arazoaren kontzeptua azaltzen den),* *- Eraentza Juridikoaren alderdi nagusiak (elementuak, arazoak, eta abar).* *- Ondorioak (aztertutako elementu eta arazoen soluzio deskribapenak eta proposamenak)* ADIBIDEA Kontratuz kanpoko eta kontratuzko erantzukizunaren arteko harremana: (1) Erantzukin kontraktuala eta kontratuzkanpokoa metatzearen debekua (2) Erantzukizunak ez metatzearen ondorioak
Aurkaritza plana	*Plan mota honetan bi kontzeptu elkar alderatzen dira, haien antzekotasunak eta diferentziak azaleztreko, eta amaieran ondorioak ezartzen dira* ADIBIDEA Errakuntza eta doluaren arteko alderaketa: (1) Errakuntzaren eta doluaren arteko itxurazko antzekotasuna (a) Errakuntza eta dolua, onarpenaren akatsak (b) Doluaren azterketa tradizionala, errakuntza probokatua (2) Doluaren autonomia errakuntzarekiko (a) Dolua ez da beti errakuntza probokatua (b) Dolu inzidentala ez da onarpenaren akatsa

IDAZKETA

(1) Ortografia, sintaxia eta gramatika egoki erabiltzen jakin behar da.

(2) Argi idazten ikasi behar da, modu logikoan, kontradikziorik gabe eta erregistro egokia erabiltzen.

(3) Zitak egiten ikasi eta jabego intelektuala errespetatzen ikasi behar dute.

(4) Lanaren portada eta aurkibidea edizio programa txukunez egin behar dute.

(5) Bibliografia eta jurisprudentziaren atala landu behar dute.

EREDUAK

Graduan zehar egindako disertazio lanen burutze fasea Gradu Amaierako Lana izanik, hona UPV/EHUko GAL-en lagin hautatua:

FADRIQUE BLANCO, Ane (2015): «Delazio-eskubidea transmititzea: itzalak argitzeko saiakera», *Zuzenbidea ikasten. Irakaskuntzarako aldizkaria*, 2015.3 (ISSN 2341-1775). http://www.ehu.eus/ojs/index.php/Zuzenbide/issue/view/1389